博雅对外汉语精品教材
短期强化口语教材系列

第四版

汉语会话
301句 下册
中国語会話301文
（下册）

日文注释本

康玉华　来思平　编著
张美霞　翻译
[日]　田村晴美　冯富荣　审译

北京大学出版社
PEKING UNIVERSITY PRESS

图书在版编目(CIP)数据

汉语会话301句:日文注释本.下册 / 康玉华,来思平编著;张美霞译.—4版.—北京:北京大学出版社,2015.12

(博雅对外汉语精品教材)

ISBN 978-7-301-26554-3

Ⅰ.①汉… Ⅱ.①康… ②来… ③张… Ⅲ.①汉语–口语–对外汉语教学–教材 Ⅳ.①H195.4

中国版本图书馆CIP数据核字(2015)第280667号

书　　名	汉语会话301句(第四版)(日文注释本)·下册 Hanyu Huihua 301 Ju (Di-si Ban) (Riwen Zhushi Ben) · Xia Ce
著作责任者	康玉华　来思平　编著　张美霞　翻译
责任编辑	周　鹂
标准书号	ISBN 978-7-301-26554-3
出版发行	北京大学出版社
地　　址	北京市海淀区成府路205号　100871
网　　址	http://www.pup.cn　新浪微博:@北京大学出版社
电子信箱	zpup@pup.cn
电　　话	邮购部 62752015　发行部 62750672　编辑部 62752028
印　刷　者	北京宏伟双华印刷有限公司
经　销　者	新华书店
	787毫米×1092毫米　16开本　14.5印张　234千字 2000年9月第1版 2015年12月第4版　2024年4月第5次印刷
定　　价	43.00元(附赠录音光盘1张)

未经许可,不得以任何方式复制或抄袭本书之部分或全部内容。
版权所有,侵权必究
举报电话:010-62752024　电子信箱:fd@pup.pku.edu.cn
图书如有印装质量问题,请与出版部联系,电话:010-62756370

第四版出版说明

《汉语会话301句》堪称当今全球最畅销的对外汉语经典教材。本教材由北京语言学院康玉华、来思平两位教师编写，北京语言学院出版社1990年出版，1998年修订再版，2005年出版第三版，译有近十种外语注释的版本，25年来总销量超过百万册。本版为第四版，经过编者和北京大学出版社汉语及语言学编辑部精心修订，由北京大学出版社出版。

第四版修订的主要是两方面的内容。第一，在不改动原有语言点顺序的前提下，改编内容过时的课文，更换能反映当下社会生活的内容，如增加"高铁""快递""微信"等词语；第二，教学内容的编排精益求精，生词的设置和翻译更加精细，语言点注释更加完善。经过这次修订，《汉语会话301句》这套经典教材又焕发出了新的活力。

好教材是反复修订出来的。在当今对外汉语教材空前繁荣的局面下，经典教材的修订反而愈加凸显其标杆意义。自1990年初版以来，《汉语会话301句》通过不断的自我更新，见证了对外汉语教学事业从兴旺走向辉煌的历程，并且成为潮头的夺目浪花。作为出版人，我有幸主持了本教材全部的三次修订。此次修订融进了最新教学研究理念和教材编写思想，改动最大，质量最高。我们相信，我们为对外汉语教师提供的是最好教的教材，也是外国学生最好用的教材。

北京大学出版社
汉语及语言学编辑部
王飙
2015年4月

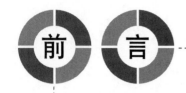

前言

《汉语会话301句》是为初学汉语的外国人编写的速成教材。

全书共40课，另有复习课8课。40课内容包括"问候""相识"等交际功能项目近30个、生词800个左右以及汉语基本语法。每课分句子、会话、替换与扩展、生词、语法、练习等六部分。

本书注重培养初学者运用汉语进行交际的能力，采用交际功能与语法结构相结合的方法编写。全书将现代汉语中最常用、最基本的部分通过生活中常见的语境展现出来，使学习者能较快地掌握基本会话301句，并在此基础上通过替换与扩展练习，达到能与中国人进行简单交际的目的，为进一步学习打下良好的基础。

考虑到成年人学习的特点，对基础阶段的语法部分，本书用通俗易懂的语言，加上浅显明了的例句作简明扼要的解释，使学习者能用语法规律来指导自己的语言实践，从而起到举一反三的作用。

本书练习项目多样，练习量也较大。复习课注意进一步训练学生会话与成段表达，对所学的语法进行归纳总结。各课的练习和复习课可根据实际情况全部或部分使用。

编者

1989年3月

まえがき

　『中国語会話301句』は中国語の初心者のために編纂された教科書である。
　この教科書は40の課と8つの復習課で構成されている。40の課には『あいさつ』、『知り合う』など、コミュニケーションに必要な30近くの話題と約800の単語及び基礎的な中国語の文法が含まれている。更に各課は「基本文」、「会話」、「置き換えと広げる」、「新出単語」、「文法」、「練習」の6つの部分からなっている。
　本書は初心者が日常会話と文法を結び付けて学習することで、大いに中国語の力を身につけられるよう力を注いだ。学習者は日常よく用いられる会話文を通して基本的な中国語文法を習得することが可能である。
　また301の基本文を習得しに上で本書の「置き換えと広げる」を利用すれば、中国人と簡単な会話を交わすことができる。のみならずこれはまた今後の中国語学習に大いに役立つものとなるであろう。
　本書は外国人が中国語の文法を学習する点にも十分配慮してある。基本的な文法については簡潔な言葉で要点をおさえ説明した上に、分かり易い例文を付け加えてある。学習者は文法事項を理解しつつ、多くの会話の訓練を行うこともできる。
　本書の「練習」は種類が豊富で、その量も少なくない。「復習課」は学習者が更に会話力、作文力を身に付けられるように重点を置き、既習の文法事項をまとめてある。各課の「練習」と「復習課」は実際の要求に応じて、選択して、使用することもできる。

編者
1989年3月

简称表　略語表

1	名	名词	míngcí	名詞
2	代	代词	dàicí	代名詞
3	动	动词	dòngcí	動詞
4	能愿	能愿动词	néngyuàn dòngcí	能願動詞
5	形	形容词	xíngróngcí	形容詞
6	数	数词	shùcí	数詞
7	量	量词	liàngcí	助数詞
8	数量	数量词	shùliàngcí	数量詞
9	副	副词	fùcí	副詞
10	介	介词	jiècí	前置詞
11	连	连词	liáncí	接続詞
12	助	助词	zhùcí	助詞
		动态助词	dòngtài zhùcí	動態助詞
		结构助词	jiégòu zhùcí	構造助詞
		语气助词	yǔqì zhùcí	語気助詞
13	叹	叹词	tàncí	感嘆詞
14	拟声	拟声词	nǐshēngcí	擬声語
15	头	词头	cítóu	接頭語
16	尾	词尾	cíwěi	接尾語

目次 目录

21	请你参加　ご参加ください	1
语法 文法	动作的进行　動作の進行形	

yāoqǐng
邀请
招く

22	我不能去　私は行けません	10
语法 文法	1. 动态助词"了"　動態助詞「了」	
	2. 时段词语作状语 連用修飾語としての期間を表す名詞	

wǎnjù
婉拒
婉曲に断る

23	对不起　すみません	19
语法 文法	1. 形容词"好"作结果补语 結果補語としての形容詞「好」	
	2. 副词"就""才"　副詞「就」、「才」	
	3. 趋向补语（2）　方向補語（2）	

dào qiàn
道歉
お詫び

24	真遗憾，我没见到他　彼に会えなくて、ほんとうに残念です	29
语法 文法	1. "是不是"构成的正反疑问句 「是不是」を用いる反復疑問文	
	2. 用动词"让"的兼语句 動詞「让」を用いる兼語文	

yíhàn
遗憾
残念

25	这张画儿真美　この絵は本当に美しい	38
语法 文法	1. "又……又……"　文型「又……又……」	
	2. "要是……就……"　複文「要是……就……」	

chēngzàn
称赞
称賛

1

| 复习（五） 復習（五） | 47 |

26 祝贺你　おめでとう　52

语法 文法
1. 可能补语（1）　可能補語（1）
2. 动词"了"作可能补语　可能補語としての「了」
3. "开""下"作结果补语　結果補語としての「开」、「下」

zhùhè
祝贺
祝賀

27 你别抽烟了　たばこをやめてください　61

语法 文法
1. "有点儿"作状语　連用修飾語としての「有点儿」
2. 存现句　存現文

quàngào
劝告
忠告

28 今天比昨天冷　今日は昨日より寒いです　69

语法 文法
1. 用"比"表示比较　「比」を用いる比較文
2. 数量补语　数量補語
3. 用"多"表示概数　「多」を用いて概数を表す

bǐjiào
比较
比較

29 我也喜欢游泳　私も水泳が好きです　78

语法 文法
1. 用"有"或"没有"表示比较　「有」あるいは「没有」を用いる比較文
2. 用"吧"的疑问句　「吧」を用いる疑問文
3. 时量补语（1）　時量補語（1）

àihào
爱好
趣味

30 请你慢点儿说　ゆっくり話してください　87

语法 文法
1. 时量补语（2）　時量補語（2）
2. "除了……以外"　「除了……以外」構造

yǔyán
语言
言葉

| 复习（六） 復習（六） | 97 |

目录 目次

31 那儿的风景美极了　あそこの景色は本当にすばらしいです		102
语法 文法	1. 趋向补语（3）　方向補語（3） 2. 用"不是……吗"的反问句 　「不是……吗」を用いる反語文	lǚyóu **旅游（1）** 旅行

32 买到票了没有　切符を買いましたか		112
语法 文法	1. "见"作结果补语　結果補語としての「见」 2. 动作的持续　動作の持続	lǚyóu **旅游（2）** 旅行

33 我们预订了两个房间　部屋を二つ予約しました		122
语法 文法	1. 形容词重叠与结构助词"地" 　形容詞の重ね型と構造助詞「地」 2. 可能补语（2）　可能補語（2）	lǚyóu **旅游（3）** 旅行

34 我头疼　私は頭が痛い		132
语法 文法	1. "把"字句（1）　「把」文（1） 2. "一……就……"　「一……就……」構造	kàn bìng **看病** 診察を受ける

35 你好点儿了吗　少しよくなりましたか		141
语法 文法	被动句　受動文	tànwàng **探望** 見舞い

复习（七）　復習（七）	150

36 我要回国了　私はもうすぐ帰国します		157
语法 文法	1. 时量补语（3）　時量補語（3） 2. "有的……有的……"　文型「有的……，有的……」	gào bié **告别** お別れのあいさつ

汉语会话 301句 下册

37	真舍不得你们走　あなたたちと本当にお別れしたくない	167
语法 文法	1. "虽然……但是……"复句 　　複文「虽然……但是……」 2. "把"字句（2）「把」文（2）	jiànxíng 饯行 送别会

38	这儿托运行李吗　ここは託送できますか	176
语法 文法	1. "不但……而且……"复句 　　複文「不但……而且……」 2. 能愿动词在"把"字句中的位置 　　「把」文の中の能願動詞の位置 3. "动"作可能补语　可能補語としての動詞「动」	tuōyùn 托运 託送

39	不能送你去机场了　空港まで送ることができなくなりました	186
语法 文法	1. 动作的持续与进行　動作の持続と進行 2. 用"不如"表示比较　「不如」を用いる比較文	sòngxíng 送行（1） 送别

40	祝你一路平安　道中ご無事で	195
语法 文法	1. "把"字句（3）「把」文（3） 2. "……了……就……" 　　慣用句「……了……就……」	sòngxíng 送行（2） 送别

复习（八）　復習（八）	205

词汇表　単語表	212

yāoqǐng
邀请
招く

21 请你参加
ご参加ください

一 句子 基本文

141 喂，北大中文系吗？
Wéi, Běidà Zhōngwénxì ma?
もしもし、北京大学の中国語学部ですか。

142 我是中文系。① こちらは中国語学部です。
Wǒ shì Zhōngwénxì.

143 您找哪位？ どなたをおたずねですか。
Nín zhǎo nǎ wèi?

144 她在上课呢。 彼女は授業に出ていますよ。
Tā zài shàng kè ne.

145 请她给我回个电话。
Qǐng tā gěi wǒ huí ge diànhuà.
私に電話をしてくださるようにお伝えください。

146 我一定转告她。 必ず彼女にお伝えします。
Wǒ yídìng zhuǎngào tā.

147
现在你做什么呢?
Xiànzài nǐ zuò shénme ne?
今何をしているのですか。

148
(现在)在休息呢。 今休憩しています。
(Xiànzài) Zài xiūxi ne.

二 会话 会话

1

玛丽: 喂,北大中文系吗?
Mǎlì: Wéi, Běidà Zhōngwénxì ma?

中文系: 对,我是中文系。您找哪位?
Zhōngwénxì: Duì, wǒ shì Zhōngwénxì. Nín zhǎo nǎ wèi?

玛丽: 李红老师在吗?
Mǎlì: Lǐ Hóng lǎoshī zài ma?

中文系: 不在,她在上课呢。
Zhōngwénxì: Bú zài, tā zài shàng kè ne.

您找她有什么事?
Nín zhǎo tā yǒu shénme shì?

玛丽: 她下课以后,请她给
Mǎlì: Tā xià kè yǐhòu, qǐng tā gěi

我回个电话。我叫玛丽。
wǒ huí ge diànhuà. Wǒ jiào Mǎlì.

中文系: 好,我一定转告她。她知道您的手机
Zhōngwénxì: Hǎo, wǒ yídìng zhuǎngào tā. Tā zhīdào nín de shǒujī

号吗?
hào ma?

玛丽： 知道，谢谢您！
Mǎlì: Zhīdào, xièxie nín!

中文系： 不客气。
Zhōngwénxì: Bú kèqi.

2

李红： 喂，玛丽吗？刚才你给我打电话了？
Lǐ Hóng: Wéi, Mǎlì ma? Gāngcái nǐ gěi wǒ dǎ diànhuà le?

玛丽： 是啊，现在你做什么呢？
Mǎlì: Shì a, xiànzài nǐ zuò shénme ne?

李红： 在休息呢。
Lǐ Hóng: Zài xiūxi ne.

玛丽： 告诉你，明天晚上有个
Mǎlì: Gàosu nǐ, míngtiān wǎnshang yǒu ge
圣诞节晚会，我请你参加。
Shèngdàn Jié wǎnhuì, wǒ qǐng nǐ cānjiā.

李红： 好，我一定去。
Lǐ Hóng: Hǎo, wǒ yídìng qù.

玛丽： 晚上八点，我在友谊
Mǎlì: Wǎnshang bā diǎn, wǒ zài Yǒuyì
宾馆门口等你。
Bīnguǎn ménkǒu děng nǐ.

李红： 王老师也去吗？
Lǐ Hóng: Wáng lǎoshī yě qù ma?

玛丽： 去，跟她先生一起去②。
Mǎlì: Qù, gēn tā xiānsheng yìqǐ qù.

李红： 那好极了！
Lǐ Hóng: Nà hǎo jí le!

注释　注釈

❶ **我是中文系。** こちらは中国語学部です。
　　电话用语。表示接电话的人所在的单位。
　　電話用語。電話を受ける人の勤め先を表す。

❷ **跟她先生一起去。** 彼女は夫と一緒に行きます。
　　"先生"可以用来称自己或别人的丈夫，前面必须有人称代词作定语。
　　「先生」は自分、また他人の夫を指すことができ、前に連体修飾語として、必ず人称代名詞を用いる。

三　替换与扩展　置き換えと広げる

替换　置き換え

（1）我一定<u>转告</u>她。

| 告诉 | 通知 |
| 叫 | 帮助 |

（2）A：现在你做什么呢？
　　B：在<u>休息</u>呢。

照相	看报
跳舞	发短信
做练习	听录音
看电视	上网

（3）明天晚上我们有个<u>圣诞节晚会</u>。

星期天	新年晚会
星期六晚上	舞会
新年的时候	音乐会

21 请你参加　ご参加ください

扩展　広げる

(1) 里边正在开新年晚会，他们在唱歌呢，快进去吧。
Lǐbian zhèngzài kāi xīnnián wǎnhuì, tāmen zài chàng gē ne, kuài jìn qu ba.

(2) 明天上午去参观，八点在留学生楼前边上车。请通知一下儿。
Míngtiān shàngwǔ qù cānguān, bā diǎn zài liúxuéshēng lóu qiánbian shàng chē. Qǐng tōngzhī yíxiàr.

四　生词　新出単語

1	喂	wéi/wèi	叹	もしもし
2	中文	Zhōngwén	名	中国の言語と文学，中国語
3	系	xì	名	学部
4	位	wèi	量	人を数える時の助数詞
5	一定	yídìng	副	必ず，ぜひ
6	转告	zhuǎngào	动	伝える，伝言する
7	刚才	gāngcái	名	さきほど
8	圣诞节	Shèngdàn Jié	名	クリスマス
9	晚会	wǎnhuì	名	パーティー
10	参加	cānjiā	动	参加する
11	门口	ménkǒu	名	入り口，玄関のところ
12	通知	tōngzhī	动/名	知らせる；知らせ

13	帮助	bāngzhù	动	手伝う，助ける
14	报	bào	名	新聞
15	跳舞	tiào wǔ		ダンスをする
16	新年	xīnnián	名	新年
17	舞会	wǔhuì	名	ダンスパーティー
18	里边	lǐbian	名	中
19	正在	zhèngzài	副	進行、持続していることを表す
20	开	kāi	动	開く、行う
21	唱	chàng	动	歌う
22	歌	gē	名	歌
23	参观	cānguān	动	参観・見学する

专名　固有名詞

| 1 | 李红 | Lǐ Hóng | 人名 |
| 2 | 友谊宾馆 | Yǒuyì Bīnguǎn | ホテル名 |

五　语法　文法

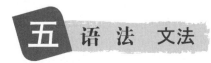 動作の進行形

（1）一个动作可以处在进行、持续、完成等不同的阶段。要表示动作正在进行，可在动词前加副词"正在""正""在"，或在句尾加语气助词"呢"。有时"正在""正""在"也可以和"呢"同时使用。例如：

21 请你参加　ご参加ください

一つの動作・行為は進行・持続・完了などの段階を持つ。動作が進行中であることを表す手段として、動詞の前に副詞「正在」、「正」、「在」をつけたり、文末に語気助詞「呢」をつけたりする。「正在」、「正」、「在」は「呢」と一緒に使うこともできる。例えば、

① 学生正在上课（呢）。　② 他来的时候，我正看报纸（呢）。
③ 他在听音乐（呢）。　④ 他写信呢。

（2）一个进行的动作可以是现在，也可以是过去或将来。例如：
動作の進行形は現在のみならず過去・未来にも使える。例えば、

⑤ A：你做什么呢？
　B：休息呢。（现在　現在）
⑥ A：昨天我给你打电话的时候，你做什么呢？
　B：我做练习呢。（过去　過去）
⑦ 明天上午你去找他，他一定在上课。（将来　将来）

六　练习　練習

1. 用"正在……呢"完成句子并用上括号里的词语
「正在……呢」と括弧の中の単語を使って次の文を完成しなさい

（1）今天有舞会，他们＿＿＿＿＿＿＿＿＿＿。（跳舞）
（2）你看，玛丽＿＿＿＿＿＿＿＿＿＿。（打电话）
（3）今天天气不错，王兰和她的朋友＿＿＿＿＿＿＿＿＿＿。（照相）
（4）和子＿＿＿＿＿＿＿＿＿＿。（洗衣服）

2. 仿照例子，用"正在……呢"造句
   例文にならって、「正在……呢」を使った文を作りなさい

   例 例えば 去他家　看书 ➡ 昨天我去他家的时候，他正在看书呢。

   （1）去邮局　　　寄信　　➡ _____
   （2）去他宿舍　　睡觉　　➡ _____
   （3）去看他　　　喝咖啡　➡ _____
   （4）到动物园　　看大熊猫➡ _____
   （5）到车站　　　等汽车　➡ _____
   （6）到银行　　　换钱　　➡ _____

3. 完成对话　次の会話文を完成しなさい

   A：喂，是张老师家吗？

   B：对。_____？

   A：我找_____。

   B：我就是，你是谁啊？

   A：_____。今天晚上我请您看电影，好吗？

   B：_____。什么时候去？

   A：_____。

4. 练习打电话　電話をかける練習をしなさい

   （1）A 邀请 B 去听音乐会。
   　　AさんはBさんを誘って、コンサートに行く。

   　　提示　时间、地点（dìdiǎn，場所）。音乐会怎么样？怎么去？
   　　ヒント　時間・場所；音楽会はどうであるか。どうやって行くか。

   （2）A 邀请 B 去饭店吃饭。
   　　AさんはBさんを誘って、レストランへ行き、食事をする。

   　　提示　时间、地点。怎么去？吃什么？
   　　ヒント　時間、場所；どうやって行くか。何を食べるか。

21 请你参加　ご参加ください

5. 听后复述　聞いてから述べる 🔊

　　汉斯（Hànsī，ハンス）来了，今天我们公司请他参加欢迎会（huì，会）。

　　下午两点钟，翻译小王打电话通知他，告诉他五点半在房间等我们，我们开车去接他。

　　欢迎会开得很好，大家为友谊干杯，为健康干杯，像一家人一样。

6. 语音练习　発音練習 🔊

(2) 朗读会话　次の会話文を読みなさい

A: Wéi, shì yāo èr líng wǔ fángjiān ma?

B: Shì de. Qǐngwèn nǐ zhǎo nǎ wèi?

A: Qǐng jiào Dàwèi jiē diànhuà.

B: Hǎo de. Qǐng děng yíxiàr.

A: Máfan nǐ le, xièxie!

22 我不能去
私は行けません

一 句子 基本文

149 我买了两张票。入場券を2枚買いました。
Wǒ mǎi le liǎng zhāng piào.

150 真不巧，我不能去。
Zhēn bù qiǎo, wǒ bù néng qù.
あいにくですが、私は行けません。

151 今天你不能去，那就以后再说①吧。
Jīntiān nǐ bù néng qù, nà jiù yǐhòu zàishuō ba.
今日あなたが行けないなら、また今度にしましょう。

152 我很想去，可是我有个约会。
Wǒ hěn xiǎng qù, kěshì wǒ yǒu ge yuēhuì.
とても行きたいのですが、約束があるのです。

153 你是跟女朋友约会吗？
Nǐ shì gēn nǚpéngyou yuēhuì ma?
彼女とデートをするのですか。

154 有个同学来看我，我要等他。
Yǒu ge tóngxué lái kàn wǒ, wǒ yào děng tā.
クラスメートが訪ねてくるので、彼を待っていなければなりません。

22 我不能去 | 私は行けません

155 我们好几年没见面了。
Wǒmen hǎojǐ nián méi jiàn miàn le.
私たちはもう何年も会っていません。

156 这星期我没空儿。今週は暇がありません。
Zhè xīngqī wǒ méi kòngr.

二 会话 会话

1

丽英: 我买了两张票，请你看京剧。
Lìyīng: Wǒ mǎi le liǎng zhāng piào, qǐng nǐ kàn jīngjù.

玛丽: 是吗？②什么时候的？
Mǎlì: Shì ma? Shénme shíhou de?

丽英: 今天晚上七点一刻的。
Lìyīng: Jīntiān wǎnshang qī diǎn yí kè de.

玛丽: 哎呀，真不巧，我不能去。明天就
Mǎlì: Āiyā, zhēn bù qiǎo, wǒ bù néng qù. Míngtiān jiù

考试了，晚上要复习。
kǎoshì le, wǎnshang yào fùxí.

丽英: 那就以后再说吧。
Lìyīng: Nà jiù yǐhòu zàishuō ba.

2

王兰: 明天下午我们去看电影，你能去吗？
Wáng Lán: Míngtiān xiàwǔ wǒmen qù kàn diànyǐng, nǐ néng qù ma?

大卫：我很想去，可是明天我有个约会。
Dàwèi: Wǒ hěn xiǎng qù, kěshì míngtiān wǒ yǒu ge yuēhuì.

王兰：怎么？是跟女朋友约会吗？③
Wáng Lán: Zěnme? Shì gēn nǚpéngyou yuēhuì ma?

大卫：不是，有个同学来看我，我要等他。
Dàwèi: Bú shì, yǒu ge tóngxué lái kàn wǒ, wǒ yào děng tā.

王兰：他也在北京学习吗？
Wáng Lán: Tā yě zài Běijīng xuéxí ma?

大卫：不，他刚从法国来。我们好几年没
Dàwèi: Bù, tā gāng cóng Fǎguó lái. Wǒmen hǎojǐ nián méi

见面了。
jiàn miàn le.

王兰：你应该陪他玩儿玩儿。
Wáng Lán: Nǐ yīnggāi péi tā wánrwánr.

大卫：这星期我没空儿，下星期
Dàwèi: Zhè xīngqī wǒ méi kòngr, xià xīngqī

我们再一起看电影吧。
wǒmen zài yìqǐ kàn diànyǐng ba.

> **注释　注釈**
>
> ❶ **以后再说**　あとにしよう
> "再说"可以表示把某件事留待以后再办理或考虑。
> 「再说」はある事をあとで考えることや、後でやる意味を表す。
>
> ❷ **是吗？**　本当？
> 表示原来不知道某事，听说后觉得有点儿意外。有时还表示不太相信。
> 今まで知らなかったことを聞いて、ちょっと驚いたことを表す。場合によってあまり信じられないニュアンスもある。
>
> ❸ **怎么？是跟女朋友约会吗？**　どうして？彼女とデートでもするの？
> "怎么"用来询问原因。"是"用来强调后边内容的真实性。
> 「怎么」は理由を尋ねる時に用いる。「是」は後に続く内容の真実性を強調する。

三 替换与扩展　置き換えと広げる

替换　置き換え

（1）我买了两张票。

翻译	个	句子
寄	封	信
参加	个	会
要	辆	出租车

（2）我们好几年没见面了。

| 好几天 | 好几个月 |
| 好长时间 | 好几个星期 |

（3）你应该陪他玩儿玩儿。

带	参观
帮	问
帮助	复习
请	介绍

扩展　広げる

（1）我　正　要　去　找　你，你　就　来　了，太　巧　了。
　　　Wǒ zhèng yào qù zhǎo nǐ, nǐ jiù lái le, tài qiǎo le.

（2）A：那　个　姑　娘　真　漂　亮。她　是　谁？
　　　　Nà ge gūniang zhēn piàoliang. Tā shì shéi?

　　　B：她　是　那　个　高　个　子　的　女　朋　友。
　　　　Tā shì nà ge gāo gèzi de nǚpéngyou.

四 生词 新出単語

1	巧	qiǎo	形	丁度その時に
2	再说	zàishuō	动	あとにする
3	可是	kěshì	连	しかし
4	约会	yuēhuì	名/动	会う約束，デート；デートをする
5	女朋友	nǚpéngyou	名	ガールフレンド
6	同学	tóngxué	名	クラスメート
7	好几	hǎojǐ	数	いくつか
8	见面	jiàn miàn		顔を合わせる
9	空儿	kòngr	名	暇
10	复习	fùxí	动	復習する
11	刚	gāng	副	……したばかりである
12	陪	péi	动	お供をする
13	句子	jùzi	名	文
14	封	fēng	量	通（手紙を数える助数詞）
15	会	huì	名	会議
16	正	zhèng	副	……しているところだ
17	姑娘	gūniang	名	若い女性
18	漂亮	piàoliang	形	きれいな，美しい
19	高	gāo	形	高い
20	个子	gèzi	名	身長

22 我不能去　私は行けません

五　语法　文法

1. 动态助词"了"　動態助詞「了」

（1）在动词之后表示动作所处阶段的助词叫动态助词。动态助词"了"在动词后边表示动作的完成。有宾语时，宾语常带数量词或其他定语。例如：
動詞の後について、動作・行為の置かれている状態を表す助詞は動態助詞と呼ばれる。動態助詞「了」は動詞の後について、行為の「完了」を表す。目的語がある時その目的語はよく数量詞やその他の連体修飾語を伴う。例えば、

① 他结婚了吗？（第7课）　　② 我昨天看了一个电影。
③ 玛丽买了一辆自行车。　　　④ 我收到了他寄给我的东西。

（2）动作完成的否定是在动词前加"没（有）"，动词后不再用"了"。例如：
行為の完了の否定は、動詞の前に「没（有）」を入れ、動詞の後動態助詞「了」を消すことによって構成される。例えば、

⑤ 他没来。　　　　　　　　⑥ 我没（有）看电影。

2. 时段词语作状语　連用修飾語としての期間を表す名詞

时段词语作状语表示在此段时间内完成了什么动作或出现了什么情况。例如：
期間名詞が連用修飾語として使われる時にはこの期間内にどんな動作を完了したか、あるいはどんな状況になったかを表す。例えば、

① 他两天看了一本书。　　　② 我们好几年没见面了。

六 练习 練習

1. 用"可是"完成句子　「可是」を使って次の文を完成しなさい

（1）他六十岁了，＿＿＿＿＿＿＿＿＿＿＿＿＿＿＿＿＿。

（2）今天我去小王家找他，＿＿＿＿＿＿＿＿＿＿＿＿＿＿＿。

（3）他学汉语的时间不长，＿＿＿＿＿＿＿＿＿＿＿＿＿＿。

（4）这种苹果不贵，＿＿＿＿＿＿＿＿＿＿＿＿＿。

（5）我请小王去看电影，＿＿＿＿＿＿＿＿＿＿＿＿。

2. 给下面的词语选择适当的位置
次の単語をそれぞれの文の中の入るべきところに入れなさい

（1）昨天我复习 A 两课生词 B。（了）

（2）我和小王一起参观 A 天安门 B。（了）

（3）他 A 没来中国 B 了。（两年）

（4）你 A 能看完这本书 B 吗？（一个星期）

3. 仿照例子，用动态助词"了"造句
例文にならって、動態助詞「了」を使って文を作りなさい

　例 例えば　买　词典　→ 昨天我买了一本词典。

（1）喝　　啤酒　　→ ＿＿＿＿＿＿＿＿＿＿＿＿＿＿＿＿＿

（2）照　　照片　　→ ＿＿＿＿＿＿＿＿＿＿＿＿＿＿＿＿＿

（3）复习　两课生词 → ＿＿＿＿＿＿＿＿＿＿＿＿＿＿＿＿＿

（4）翻译　几个句子 → ＿＿＿＿＿＿＿＿＿＿＿＿＿＿＿＿＿

（5）开　　会　　　→ ＿＿＿＿＿＿＿＿＿＿＿＿＿＿＿＿＿

（6）买　　明信片　→ ＿＿＿＿＿＿＿＿＿＿＿＿＿＿＿＿＿

22 我不能去　私は行けません

4. 完成对话　次の会話文を完成しなさい

（1）A：今天晚上有舞会，＿＿＿＿＿＿＿＿＿＿＿＿＿＿＿？

　　　B：大概不行。

　　　A：＿＿＿＿＿＿＿＿＿＿＿＿＿＿＿？

　　　B：学习太忙，没有时间。

　　　A：你知道王兰能去吗？

　　　B：＿＿＿＿＿＿＿＿＿＿＿＿＿＿＿。

　　　A：真不巧。

（2）A：圣诞节晚会你唱个中文歌吧。

　　　B：＿＿＿＿＿＿＿＿＿＿＿＿＿＿＿。

　　　A：别客气。

　　　B：不是客气，我＿＿＿＿＿＿＿＿＿＿＿＿＿＿＿。

　　　A：我听你唱过。

　　　B：那是英文歌。

5. 会话　会話の練習をしなさい

（1）你请朋友星期天去长城，他说星期天有约会，不能去。
　　　日曜日に万里の長城へ友達を誘ったが、彼が約束があると断られた。

（2）你请朋友跟你跳舞，他/她说不会跳舞。
　　　友達を誘ってダンスをしようと思ったが、彼がダンスができないそうだ。

6. 用所给词语填空并复述
　　下の言葉から適切なものを選んで、文章の空白を埋めなさい、その後、文章の内容を自分の言葉で話しなさい

| 演 | 太巧了 | 陪 | 顺利 |

　　昨天晚上王兰＿＿＿＿＿＿玛丽去看京剧。她们从学校门口坐331路公共汽车去。＿＿＿＿＿＿，她们刚走到车站，车就来了。车上人不

多，她们很_____。

京剧_____得很好，很有意思。

7. 语音练习　発音練習

(1) 常用音节练习　常用音節練習

zhu — zhúzi （竹子）
　　　zhǔrén （主人）
　　　zhùyì （注意）

lai — lái guo （来过）
　　　hòulái （后来）
　　　chū lai （出来）

(2) 朗读会话　次の会話文を読みなさい

A: Nín hē píjiǔ ma?

B: Hē, lái yì bēi ba.

A: Hē bu hē pútaojiǔ?

B: Bù hē le.

A: Zhè shì Zhōngguó yǒumíng de jiǔ, hē yìdiǎnr ba.

B: Hǎo, shǎo hē yìdiǎnr.

A: Lái, gān bēi!

23 对不起
すみません

dào qiàn
道歉
お詫び

一 句子 基本文

157 对不起，让你久等了。
Duìbuqǐ, ràng nǐ jiǔ děng le.
すみません。お待たせしました。

158 你怎么八点半才来？
Nǐ zěnme bā diǎn bàn cái lái?
(8時の約束だったのに) どうして8時半になってやっと来たのですか。

159 真抱歉，我来晚了。
Zhēn bàoqiàn, wǒ lái wǎn le.
すみません。遅くなりました。

160 半路上我的自行车坏了。
Bànlù shang wǒ de zìxíngchē huài le.
途中、自転車が故障しました。

161 自行车修好了吗？ 自転車は修理できましたか。
Zìxíngchē xiū hǎo le ma?

162 我怎么能不来呢？
Wǒ zěnme néng bù lái ne?
(約束したのだから) 来ないわけがないでしょう。

163
我们快进电影院去吧。
Wǒmen kuài jìn diànyǐngyuàn qu ba.
早く映画館に入りましょう。

164
星期天我买到一本新小说。
Xīngqītiān wǒ mǎi dào yì běn xīn xiǎoshuō.
日曜日に新しい小説を1冊買いました。

二 会话 会話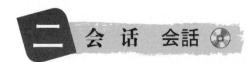

1

大卫: 对不起，让你久等了。
Dàwèi: Duìbuqǐ, ràng nǐ jiǔ děng le.

玛丽: 我们约好八点，你怎么八点半才来？
Mǎlì: Wǒmen yuē hǎo bā diǎn, nǐ zěnme bā diǎn bàn cái lái?

大卫: 真抱歉，我来晚了。半路上我的
Dàwèi: Zhēn bàoqiàn, wǒ lái wǎn le. Bànlù shang wǒ de

自行车坏了。
zìxíngchē huài le.

玛丽: 修好了吗？
Mǎlì: Xiū hǎo le ma?

大卫: 修好了。
Dàwèi: Xiū hǎo le.

玛丽: 我想你可能不来了。
Mǎlì: Wǒ xiǎng nǐ kěnéng bù lái le.

大卫: 说好的，我怎么能不来呢？
Dàwèi: Shuō hǎo de, wǒ zěnme néng bù lái ne?

玛丽：我们快进电影院去吧。
Mǎlì: Wǒmen kuài jìn diànyǐngyuàn qu ba.

大卫：好。
Dàwèi: Hǎo.

2

玛丽：刘京，还你词典，用的时间太长了，
Mǎlì: Liú Jīng, huán nǐ cídiǎn, yòng de shíjiān tài cháng le,

请原谅！
qǐng yuánliàng!

刘京：没关系，你用吧。
Liú Jīng: Méi guānxi, nǐ yòng ba.

玛丽：谢谢，不用了。星期天
Mǎlì: Xièxie, bú yòng le. Xīngqītiān

我买到一本新小说。
wǒ mǎi dào yì běn xīn xiǎoshuō.

刘京：英文的还是中文的？
Liú Jīng: Yīngwén de háishi Zhōngwén de?

玛丽：英文的。很有意思。
Mǎlì: Yīngwén de. Hěn yǒu yìsi.

刘京：我能看懂吗？
Liú Jīng: Wǒ néng kàn dǒng ma?

玛丽：你英文学得不错，我想能看懂。
Mǎlì: Nǐ Yīngwén xué de búcuò, wǒ xiǎng néng kàn dǒng.

刘京：那借我看看，行吗？
Liú Jīng: Nà jiè wǒ kànkan, xíng ma?

玛丽：当然可以。
Mǎlì: Dāngrán kěyǐ.

汉语会话 301句 下册

三 替换与扩展　置き換えと広げる

替换　置き換え

(1) 我们快进<u>电影院</u>去吧。

进电梯	进食堂
回学校	回家
上楼	下楼

(2) 借我<u>看看</u><u>这</u><u>本</u> <u>小说</u>，行吗？

骑	辆	自行车
用	个	照相机
用	支	笔
听	张	光盘

扩展　広げる

(1) 那 支 录 音 笔 我 弄 坏 了。
　　Nà zhī lùyīnbǐ wǒ nòng huài le.

(2) A：对 不 起，弄 脏 你 的 本 子 了。
　　　Duìbuqǐ, nòng zāng nǐ de běnzi le.

　　B：没 什 么。
　　　Méi shénme.

四 生词　新出単語

| 1 | 对不起 | duìbuqǐ | 动 | すみません |

23 对不起 すみません

2	让	ràng	动	……させる
3	久	jiǔ	形	（時間が）長い
4	才	cái	副	今頃，今になって
5	抱歉	bàoqiàn	形	すまなく思う
6	半路	bànlù	名	途中，道半ば
7	坏	huài	形	故障する，壊れる
8	修	xiū	动	修理する
9	电影院	diànyǐngyuàn	名	映画館
10	小说	xiǎoshuō	名	小説
11	约	yuē	动	約束する
12	可能	kěnéng	能愿/形	可能である；……かもしれない
13	还	huán	动	返す
14	用	yòng	动	使う
15	原谅	yuánliàng	动	了承する，許す
16	没关系	méi guānxi		かまわない
17	英文	Yīngwén	名	英語
18	借	jiè	动	借りる，貸す
19	电梯	diàntī	名	エレベーター
20	光盘	guāngpán	名	光ディスク
21	支	zhī	量	〜本
22	录音笔	lùyīnbǐ	名	ボイスレコーダー
23	弄	nòng	动	する，やる
24	脏	zāng	形	汚い

五 语法 文法

1. 形容词"好"作结果补语　結果補語としての形容詞「好」

（1）表示动作完成或达到完善的地步。例如：
動作・行為が完了したことや、動作が完璧にできたことを表す。例えば、

① 饭已经（yǐjīng，もう，すでに）做好了。　② 我一定要学好中文。

（2）"好"作结果补语，有时也表示"定"的意思。例如：
「好」は結果補語として使う時に「定」という意味を表す時もある。例えば、

③ 我们说好了八点去。　　　　　　　④ 时间约好了。

2. 副词"就""才"　副詞「就」、「才」

副词"就""才"有时可以表示时间的早、晚、快、慢等。用在表示时间的词语后，"就"一般表示事情发生得早、快或进行得顺利；"才"相反，一般表示事情发生得晚、慢或进行得不顺利。例如：

副詞「就」は時間が早いことを表す。「就」「才」は副詞であり、時間を表す言葉の後に用いる。また物事が思ったより早く発生したり、スムーズに進んだりすることも表す。副詞「才」は反対に時間の遅いことを表す。また物事が思ったより遅く発生したり、スムーズに進まなかったりすることも表す。例えば、

① 八点上课，他七点半就来了。（早）

　八点上课，他八点十分才来。（晚）

② 昨天我去北京饭店，八点坐车，八点半就到了。（早）

　今天我去北京饭店，八点坐车，九点才到。（晚）

3. 趋向补语（2）　方向補語（2）

（1）如果动词后既有趋向补语又有表示处所的宾语，处所宾语一定要放在动词和补语之间。例如：
方向補語を持つ動詞の後にさらに場所を表す目的語が来る時には、目的語を必ず動詞と方向補語の間に置かなければならない。例えば、

> ① 你快下楼来吧。　　　② 上课了，老师进教室来了。
> ③ 他到上海去了。　　　④ 他回宿舍去了。

（2）如果是一般宾语（不表示处所），可放在动词和补语之间，也可放在补语之后，一般来说，动作未实现的在"来（去）"之前，已实现的在"来（去）"之后。
　　場所を表す以外の目的語は動詞と方向補語の間に置いても、方向補語の後に置いてもよい。一般に動作・行為が実行されていない場合、「来（去）」の前に置き、動作・行為が実行された場合、「来（去）」の後に置く。例えば、

> ⑤ 我想带照相机去。　　　⑥ 他没买苹果来。
> 　 我带去了一个照相机。　　 他买来了一斤苹果。

六　练习　練習

1. 给下面的对话填上适当的结果补语并朗读
　　次の空白に適切な結果補語を入れて、読みなさい

　　A：小王，你的自行车修_____了吗？

　　B：还没修_____呢。你要用吗？

　　A：是。我想借一辆自行车，还没借_____。

　　B：小刘有一辆，你去问问他。

　　A：问过了，他的自行车也弄_____了。

　　B：真不巧。

2. 完成对话　次の会話文を完成しなさい

（1）A：_____，我来晚了。

　　　B：上课十分钟了，为什么来晚了？

　　　A：_____。

　　　　B：以后早点儿起床。请坐！

　　　　A：_____。

（2）A：请借我用一下儿你的词典。

　　　　B：_____。

　　　　A：他什么时候能还你？

　　　　B：_____，我去问问他。

　　　　A：不用了，我去借小王的吧。

　　　　B：_____。

3. 看图，用动词加"来"或"去"完成对话
   図を参考にしながら「动词＋来」か「动词＋去」を使って会話を完成しなさい

（1）

A：小刘，你快_____吧，
我在楼下等你。

B：我现在就_____。

（2）

A：八点了，你怎么还不_____？

B：今天星期天，我想晚一点儿_____。

（3）

A：小王在吗？
B：他不在。他_____家_____了。
A：他什么时候_____家_____的？
B：不知道。

（4）

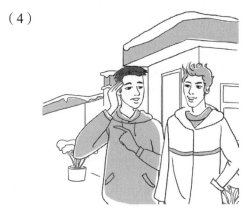

A：外边太冷，我们_____里边_____吧。
B：刚_____，一会儿再_____吧。

4. 会话　会话の練習をしなさい

（1）你借了同学的自行车，还车的时候你说你骑坏了自行车，表示道歉。
クラスメートの自転車を借りたが、その自転車が故障したので、返す時にお詫びを言う。

（2）你的朋友要借你的照相机用用，你说别人借去了。
友達があなたのカメラを貸してもらいたいのですが、そのカメラは人に貸してあることを言う。

5. 听后复述　聞いてから述べる

　　我和小王约好今天晚上去舞厅（wǔtīng，ダンスホール）跳舞。下午我们两个人先去友谊商店买东西。从友谊商店出来以后，我去看一个朋友，小王去王府井。我在朋友家吃晚饭，六点半才从朋友家出来。到舞厅门口的时候，七点多了，小王正在那里等我。我说："来得太晚了，真抱歉，请原谅！"他说："没关系。"我们就一起进舞厅去了。

6. 语音练习　発音練習

(1) 常用音节练习　常用音節練習

(2) 朗读会话　次の会話文を読みなさい

A: Māma, xiànzài wǒ chū qu kàn péngyou.

B: Shénme shíhou huí lai?

A: Dàgài wǎnshang shí diǎn duō.

B: Tài wǎn le.

A: Wǒmen yǒu diǎnr shì, nín bié děng wǒ, nín xiān shuì.

B: Hǎo ba, bié tài wǎn le.

yíhàn
遗憾
残念

24 真遗憾，我没见到他

彼に会えなくて、ほんとうに残念です

一 句子 基本文

165
地上怎么乱七八糟的？
Dìshang zěnme luànqībāzāo de?
床の上はどうしてめちゃくちゃですか。

166
是不是你出差没关窗户？
Shì bu shì nǐ chū chāi méi guān chuānghu?
出張に出かけた時、窓を閉めるのを忘れたのですか。

167
忘了关窗户了。
Wàng le guān chuānghu le.
窓を閉めるのを忘れてしまいました。

168
花瓶也摔碎了！
Huāpíng yě shuāi suì le!
花瓶も落として、こなごなになっています。

169
太可惜了！ ほんとうにもったいないです。
Tài kěxī le!

170
公司有急事，让他马上回国。
Gōngsī yǒu jí shì, ràng tā mǎshàng huí guó.
会社に急用ができたので、すぐ彼を帰国させます。

171 他让我告诉你，多跟他联系。
Tā ràng wǒ gàosu nǐ, duō gēn tā liánxì.
彼とよく連絡を取るように伝えてくださいとのことです。

172 真遗憾，我没见到他。
Zhēn yíhàn, wǒ méi jiàn dào tā.
彼に会えなくて、本当に残念です。

二 会话 会话

1

尼娜：我两天不在，地上怎么乱七八糟的？
Nínà: Wǒ liǎng tiān bú zài, dìshang zěnme luànqībāzāo de?

丽英：是不是你出差没关窗户？昨天风很大。
Lìyīng: Shì bu shì nǐ chū chāi méi guān chuānghu? Zuótiān fēng hěn dà.

尼娜：哎呀，忘了关了，真糟糕！
Nínà: Āiyā, wàng le guān le, zhēn zāogāo!

丽英：以后出门一定要关好窗户。
Lìyīng: Yǐhòu chū mén yídìng yào guān hǎo chuānghu.

尼娜：你看，花瓶也摔碎了。
Nínà: Nǐ kàn, huāpíng yě shuāi suì le.

丽英：是大卫送给你的那个吗？
Lìyīng: Shì Dàwèi sòng gěi nǐ de nà ge ma?

尼娜：是，那是他给我的生日礼物。
Nínà: Shì, nà shì tā gěi wǒ de shēngrì lǐwù.

丽英：太可惜了！
Lìyīng: Tài kěxī le!

24 真遗憾，我没见到他　彼に会えなくて、ほんとうに残念です

2

刘京: 昨天李成日回国了。
Liú Jīng: Zuótiān Lǐ Chéngrì huí guó le.

和子: 我怎么不知道？
Hézǐ: Wǒ zěnme bù zhīdào?

刘京: 公司有急事，让他马上回国。
Liú Jīng: Gōngsī yǒu jí shì, ràng tā mǎshàng huí guó.

和子: 真不巧，我还有事找他呢。
Hézǐ: Zhēn bù qiǎo, wǒ hái yǒu shì zhǎo tā ne.

刘京: 昨天我和他都给你打电话，可是你关机了。
Liú Jīng: Zuótiān wǒ hé tā dōu gěi nǐ dǎ diànhuà, kěshì nǐ guān jī le.

和子: 不是，是我忘了充电，手机没电了。
Hézǐ: Bú shì, shì wǒ wàng le chōng diàn, shǒujī méi diàn le.

刘京: 他让我告诉你，多跟他联系。
Liú Jīng: Tā ràng wǒ gàosu nǐ, duō gēn tā liánxì.

和子: 真遗憾，我没见到他。
Hézǐ: Zhēn yíhàn, wǒ méi jiàn dào tā.

三 替换与扩展　置き換えと広げる

替换　置き換え

(1) 公司让他马上回国。

经理	出差
老师	翻译生词
玛丽	关窗户

(2) 他让我告诉你多跟他联系。

马上去开会
常给他打电话
明天见面
他回国了
常给他发电子邮件

扩展　广げる

(1) 王　先　生　去　上　海　出　差　了，是　不　是？
　　Wáng xiānsheng qù Shànghǎi chū chāi le, shì bu shì?

(2) 我　家　的　花　儿　都　开　了，有　红　的、黄
　　Wǒ jiā de huār dōu kāi le, yǒu hóng de、huáng

的、白　的，漂　亮　极　了。
de、bái de, piàoliang jí le.

24 真遗憾，我没见到他　彼に会えなくて、ほんとうに残念です

四　生词　新出単語

#				
1	地	dì	名	床，地面
2	乱七八糟	luànqībāzāo		めちゃくちゃだ，ひどく混乱している様子
3	出差	chū chāi		出張する
4	关	guān	动	閉める
5	窗户	chuānghu	名	窓
6	忘	wàng	动	忘れる
7	花瓶	huāpíng	名	花瓶
8	摔	shuāi	动	落下する，落ちて壊れる
9	碎	suì	形	砕ける，粉々にする
10	可惜	kěxī	形	惜しい
11	急	jí	形	急ぎの
12	马上	mǎshàng	副	すぐ
13	联系	liánxì	动	連絡を取る
14	遗憾	yíhàn	形	残念である
15	见	jiàn	动	会う
16	风	fēng	名	風
17	糟糕	zāogāo	形	しまった，困る
18	出门	chū mén		出かける
19	礼物	lǐwù	名	贈り物，プレゼント
20	充电	chōng diàn		充電，チャージ
21	红	hóng	形	赤い
22	黄	huáng	形	黄色い
23	白	bái	形	白い

📍 专名　固有名詞

| 尼娜 | Nínà | ニーナ（人名） |

五　语法　文法

1. "是不是"构成的正反疑问句　「是不是」を用いる反復疑問文

　　对某一事实或情况已有估计，为了进一步证实，就用"是不是"构成的疑问句提问。"是不是"可以在谓语前，也可在句首或句尾。例如：
　　ある物事や状況について、話す人がすでに予測し、その予測の妥当性を相手に確認してもらう時に「是不是」を使って質問する。「是不是」は述語の前に置いても、文頭、文末に置いてもよい。例えば、

① 李成日先生是不是回国了？
② 是不是你的照相机坏了？
③ 这个电影大家都看过了，是不是？

2. 用动词"让"的兼语句　動詞「让」を用いる兼語文

　　跟用"请"的兼语句句式一样，动词"让"构成的兼语句也有要求别人做某事的意思。只是用"请"的兼语句用于比较客气的场合。例如：
　　動詞「让」を用いる兼語文は、「请」を用いる兼語文と同じで、人に何かをしてもらう意味を持っている。ただし「请」を用いる兼語文は丁寧な言い方として使われる。例えば、

① 他让我带东西。　　　　② 公司让他回国。
③ 我让他给我照张相。　　④ 他让我告诉你，明天去他家。

24 真遗憾，我没见到他　彼に会えなくて、ほんとうに残念です

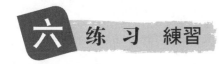

1. 熟读下列短语并选择几个造句
次の連語をよく読み、いくつか選んで文を作りなさい

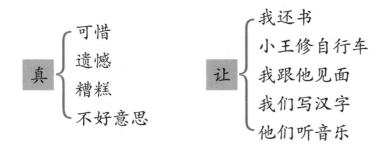

2. 完成对话（用上表示遗憾的词语）
次の会話文を完成しなさい（「残念」の意味を表す言葉を使うこと）

（1）A：听说你的手机坏了。
　　　B：是啊，上个月刚买的。
　　　A：＿＿＿＿＿＿＿＿＿＿＿＿＿＿。

（2）A：昨天晚上的杂技好极了，你怎么没去看？
　　　B：我有急事，＿＿＿＿＿＿＿＿＿＿＿＿＿＿。
　　　A：听说这个星期六还演呢。
　　　B：那我一定去看。

3. 按照实际情况回答问题　事実に基づいて次の問題に答えなさい
　（1）你汉语说得怎么样？
　（2）昨天的课你复习没复习？
　（3）今天你出门的时候，关好窗户了没有？
　（4）你有没有遗憾的事？

4. 把下面对话中B的话改成用"是不是"的问句
   次の会話文の中のBの会話を「是不是」を用いる質問文に書き直しなさい

   （1）A：今天我去找小王，他不在。

   　　B：他大概回家了。➡ _____

   （2）A：不知道为什么飞机晚点了。

   　　B：我想可能是天气不好。➡ _____

5. 听后复述　聞いてから述べる

　　昨天星期天，早上张老师去买菜。中午他爱人要做几个菜，请朋友们在家吃饭。

　　很快，菜就买回来了。红的、绿（lǜ，グリーン）的、白的、黄的……他爱人看了说："这菜又新鲜（xīnxiān，新鲜）又好看。"张老师说："好吃不好吃，就看你做得怎么样了！"他爱人说："让你买的肉（ròu，肉）呢？没有肉我怎么做呀？"张老师说："糟糕，我买的肉没拿，交了钱就走了。"他爱人说："那你去找找吧。今天的菜好吃不好吃，就看你了！"

6. 语音练习　発音練習

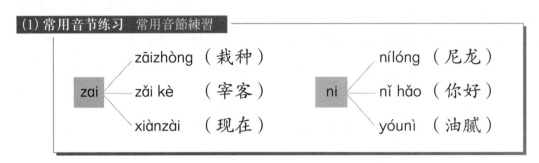

24 真遗憾，我没见到他 彼に会えなくて、ほんとうに残念です

(2) 朗读会话 次の会話文を読みなさい

A: Nǐ de xīn zìxíngchē zhēn piàoliang!

B: Kěshì huài le.

A: Zhēn kěxī, néng xiū hǎo ma?

B: Bù zhīdào.

A: Xiūxiu ba, kàn zěnmeyàng.

B: Hǎo.

25 这张画儿真美
この絵は本当に美しい

chēngzàn
称赞
称赞

一 句子 基本文

173 你的房间布置得好极了。
Nǐ de fángjiān bùzhì de hǎo jí le.
お部屋は本当にきれいに飾ってありますね。

174 这张画儿真美！
Zhè zhāng huàr zhēn měi!
この絵は本当に美しいですね。

175 你的房间又干净又漂亮。
Nǐ de fángjiān yòu gānjìng yòu piàoliang.
お部屋は清潔で、きれいです。

176 今天没有人来。今日はだれも来ません。
Jīntiān méiyǒu rén lái.

177 你的衣服更漂亮。
Nǐ de yīfu gèng piàoliang.
あなたの服のほうがもっときれいです。

178 这件衣服不是买的，是我妈妈做的。
Zhè jiàn yīfu bú shì mǎi de, shì wǒ māma zuò de.
この服は買ったものではなく、母が作ってくれたものです。

25 这张画儿真美　この絵は本当に美しい

179 你妈妈的手真巧。
Nǐ māma de shǒu zhēn qiǎo.
お母さんは本当に器用ですね。

180 要是你喜欢，就给你女朋友做一件。
Yàoshi nǐ xǐhuan, jiù gěi nǐ nǚpéngyou zuò yí jiàn.
もし気に入ったのなら、あなたの彼女に一着作ってあげますよ。

二 会话 会話

1

王兰： 你的房间布置得好极了。
Wáng Lán: Nǐ de fángjiān bùzhì de hǎo jí le.

玛丽： 哪儿啊，马马虎虎。
Mǎlì: Nǎr a, mǎmahūhū.

王兰： 桌子放在这儿，写字看书都很好。
Wáng Lán: Zhuōzi fàng zài zhèr, xiě zì kàn shū dōu hěn hǎo.

玛丽： 你看，衣柜放在床旁边，怎么样？
Mǎlì: Nǐ kàn, yīguì fàng zài chuáng pángbiān, zěnmeyàng?

王兰： 很好。拿东西很方便。
Wáng Lán: Hěn hǎo. Ná dōngxi hěn fāngbiàn.

这张画儿真美！
Zhè zhāng huàr zhēn měi!

玛丽： 是吗？刚买的。
Mǎlì: Shì ma? Gāng mǎi de.

王兰：你的房间又干净又漂亮。今天谁来啊？
Wáng Lán: Nǐ de fángjiān yòu gānjìng yòu piàoliang. Jīntiān shéi lái a?

玛丽：没有人来。新年快到了。
Mǎlì: Méiyǒu rén lái. Xīnnián kuài dào le.

王兰：啊！明天晚上有舞会。
Wáng Lán: À! Míngtiān wǎnshang yǒu wǔhuì.

玛丽：真的？那明天晚上
Mǎlì: Zhēn de? Nà míngtiān wǎnshang

我们都去跳舞吧。
wǒmen dōu qù tiào wǔ ba.

2

王兰：你今天穿得真漂亮！
Wáng Lán: Nǐ jīntiān chuān de zhēn piàoliang!

玛丽：是吗？过新年了嘛。① 你的衣服更漂亮，
Mǎlì: Shì ma? Guò xīnnián le ma. Nǐ de yīfu gèng piàoliang,

在哪儿买的？
zài nǎr mǎi de?

王兰：不是买的，是我妈妈做的。
Wáng Lán: Bú shì mǎi de, shì wǒ māma zuò de.

玛丽：你妈妈的手真巧！衣服
Mǎlì: Nǐ māma de shǒu zhēn qiǎo! Yīfu

的样子也很好。
de yàngzi yě hěn hǎo.

王兰：我也觉得不错。
Wáng Lán: Wǒ yě juéde búcuò.

刘京：我很喜欢这个颜色。
Liú Jīng: Wǒ hěn xǐhuan zhè ge yánsè.

25 这张画儿真美　この絵は本当に美しい

玛丽：要是你喜欢，就给你女朋友做一件。
Mǎlì: Yàoshi nǐ xǐhuan, jiù gěi nǐ nǚpéngyou zuò yí jiàn.

刘京：我还没有女朋友呢。
Liú Jīng: Wǒ hái méi yǒu nǚpéngyou ne.

注释　注釈

❶ 过新年了嘛。　新年を迎えるのだから。
语气助词"嘛"表示一种"道理显而易见""理应如此"的语气。
「嘛」は語気助詞で、道理から言って当然そうである語気を表す。

 替换与扩展　置き換えと広げる

● 替换　置き換え

（1）你的<u>房间</u>又<u>干净</u>又<u>漂亮</u>。

英文书	容易	有意思
衣服	便宜	好看
女朋友	高	漂亮

（2）这<u>件</u> <u>衣服</u>不是买的，是<u>我妈妈</u><u>做</u>的。

个	菜	我自己	做
张	画儿	朋友	画
辆	自行车	我哥哥	借

（3）我很喜欢这<u>个</u>颜色。

个	孩子	些	花儿
张	照片	辆	汽车
支	铅笔	块	手表

扩展　広げる

（1）要是明天天气好，我们就去公园划船。
　　　Yàoshi míngtiān tiānqì hǎo, wǒmen jiù qù gōngyuán huá chuán.

（2）A：今天他们两个怎么穿得这么漂亮？
　　　　Jīntiān tāmen liǎng ge zěnme chuān de zhème piàoliang?

　　　B：结婚嘛。
　　　　Jié hūn ma.

四　生词　新出単語

1	布置	bùzhì	动	（部屋などを）装飾する
2	画儿	huàr	名	絵
3	美	měi	形	美しい
4	又	yòu	副	また
5	更	gèng	副	もっと，いっそう
6	手	shǒu	名	手
7	要是	yàoshi	连	もし……なら
8	马马虎虎	mǎmahūhū	形	まあまあである
9	桌子	zhuōzi	名	机，テーブル

10	放	fàng	动	置く
11	衣柜	yīguì	名	たんす
12	方便	fāngbiàn	形	便利である
13	嘛	ma	助	当然という語気を表す
14	样子	yàngzi	名	格好，様子
15	觉得	juéde	动	……と思う
16	颜色	yánsè	名	色
17	容易	róngyì	形	易しい，容易だ
18	自己	zìjǐ	代	自分
19	画	huà	动	描く
20	些	xiē	量	不定の数を表す
21	铅笔	qiānbǐ	名	鉛筆
22	手表	shǒubiǎo	名	腕時計
23	这么	zhème	代	こんなに

五 语法　文法

1. "又……又……"　文型「又……又……」

表示两种情况或性质同时存在。例如：
二つの状況や性質の並立を表す。例えば、

① 你的房间又干净又漂亮。　② 那儿的东西又便宜又好。

③ 他的汉字写得又好又快。

2. "要是……就……" 複文「要是……就……」

"要是"表示假设，后一分句常用副词"就"来承接上文，得出结论。例如：
「要是」は「もしも……なら」を表す。後の文節にはよく「就」を使い、前の文節を受けて、結論を出す。例えば、

① 你要是有《英汉词典》就带来。
② 要是明天不上课，我们就去北海公园。
③ 你要是有时间，就来我家玩儿。

六 练 习　練習

1. 回答问题（用上所给的词语）
次の問題に答えなさい（括弧の中の語句を用いること）

（1）北海公园怎么样？（又……又……）

（2）这个星期天你去公园玩儿吗？（要是……就……）

（3）为什么你喜欢这件衣服？（喜欢　颜色）

（4）这本词典是你买的吗？（不是……，是……）

2. 完成句子（用上"很""真""极了""更""太……了"）
次の文を完成しなさい（「很」、「真」、「极了」、「更」、「太……了」を用いること）

（1）这个句子＿＿＿＿＿＿＿＿＿＿，大家都会翻译。

（2）她很会做中国菜，她做的鱼＿＿＿＿＿＿＿＿＿＿。

（3）今天天气＿＿＿＿＿＿＿，听说明天天气＿＿＿＿＿＿＿。我们应该出去玩儿玩儿。

（4）你这张照片＿＿＿＿＿＿＿＿＿＿，人很漂亮，那些花儿也很美。

25 这张画儿真美 この絵は本当に美しい

3. **用所给词语完成句子**　与えられた表現を使って、文を完成しなさい

　　（1）那个商店的东西＿＿＿＿＿＿＿＿＿＿＿＿。（又……又……）

　　（2）这种橘子＿＿＿＿＿＿＿＿＿＿＿＿。（又……又……）

　　（3）要是我有钱，＿＿＿＿＿＿＿＿＿＿＿＿。（就）

　　（4）要是明天天气不好，＿＿＿＿＿＿＿＿＿＿＿＿。（就）

4. **完成对话**　次の会話文を完成しなさい

　　（1）A：你看，这件毛衣怎么样？

　　　　B：＿＿＿＿＿＿＿＿＿＿＿＿，贵吗？

　　　　A：一百六十五块。

　　　　B：＿＿＿＿＿＿＿＿＿＿＿＿，还有吗？

　　　　A：怎么？你也想买吗？

　　　　B：是啊，＿＿＿＿＿＿＿＿＿＿＿＿。

　　（2）A：你的字写得真好！

　　　　B：＿＿＿＿＿＿＿＿＿＿＿＿，你写得更好。

　　　　A：＿＿＿＿＿＿＿＿＿＿＿＿，我刚学。

5. **听后复述**　聞いてから述べる

　　玛丽的毛衣是新疆（Xīnjiāng，しんきょう）生产（shēngchǎn，製作する）的，样子好看，颜色也漂亮。大卫说，新疆的水果（shuǐguǒ，果物）和饭菜也好吃极了。玛丽听了很高兴。她约大卫今年七月去新疆。在新疆可以玩儿，可以吃很多好吃的东西。大卫让玛丽别吃得太多，要是吃得太多，回来以后就不能穿那件毛衣了。

6. 语音练习　発音練習

(1) 常用音节练习　常用音節練習

xiao — xiāoxi（消息）
xiao — xiǎoháir（小孩儿）
xiao — xiào le（笑了）

ke — kēxué（科学）
ke — kěyǐ（可以）
ke — kèqi（客气）

(2) 朗读会话　次の会話文を読みなさい

A: Zhèxiē huār shì mǎi de ma?

B: Bú shì mǎi de, shì wǒ zuò de.

A: Nǐ de shǒu zhēn qiǎo!

B: Nǎr a, wǒ gāng xué.

A: Shì gēn Hézǐ xué de ma?

B: Bú shì, shì gēn yí ge Zhōngguó tóngxué xué de.

复习（五）

一 会话 会话

1

A：刚才小林来找你，你不在。

B：我去朋友那儿，刚回来。他有事吗？

A：他让我告诉你，下星期六他结婚，请你去喝喜酒（xǐjiǔ，結婚式の祝宴で飲むお酒）。

B：真的吗？那我一定去。我还没参加过中国人的婚礼（hūnlǐ，結婚式）呢。

A：下星期六我来找你，我们一起去。

B：好的。

2

A：你怎么了？病（bìng，病気）了吗？

B：是的。真遗憾，今天我不能去参加小林的婚礼了。

A：你就在宿舍休息吧，我一个人去。再见！

B：再见！

3

A：可以进来吗？

B：请进。

A：你看，谁来了？

B：啊，小林！对不起，那天我病了，没去参加你们的婚礼。

林：没关系。你的病好了吗？

B：好了。

林：今天我给你送喜糖（xǐtáng,結婚する時に配る祝いの飴）来了。

B：谢谢你！听说你爱人很漂亮。

A：她还会唱歌跳舞呢。那天唱得好听极了。他们还表演（biǎoyǎn,演じる）了两个人吃一块糖。

林：你别听他的。

B：那是接吻（jiē wěn,キスをする）吗？

A：是的，中国人不在别人面前（miànqián,……の目の前に）接吻，这是结婚的时候大家闹着玩儿（nào zhe wánr,ふざける）的。

二 语法 文法

语气助词"了"与动态助词"了"　語気助詞の「了」と動態助詞の「了」

（1）语气助词"了"用在句尾，强调某事或某情况已经发生；动态助词"了"用在动词后，强调这个动作已经完成或肯定要完成。例如：

語気助詞「了」は文末に用い、ある物事や状況がもうすでに発生したことを強調する。動態助詞「了」は動詞の後に用い、この動作がもうすでに完了したこと、あるいは必ず完了することを強調する。例えば、

① A：昨天你去哪儿了？
　　B：我去友谊商店了。
　　（肯定这件事已发生
　　そのことがすでに発生した）

② A：你买了什么东西？
　　B：我买了一件毛衣。
　　（"买"的动作已完成
　　その動作がすでに完了した）

（2）动词后既有动态助词"了"，又有简单宾语时，宾语前一般要有数量词或其他定语，或者有比较复杂的状语，才能成句。例如：

動態助詞「了」を持つ動詞の後に簡単目的語を用いる時にはその目的語は数量詞、その他の連体修飾語を持たなければならない。あるいは動詞の前に比較的複雑な連用修飾語を持たなければならない。例えば、

③ 我买了一件毛衣。　　　④ 他做了很好吃的菜。
⑤ 我很快地转告了她。

（3）不表示具体动作的动词"是""在""像"等和表示存在的"有"，一般不用动态助词"了"。

「是」、「在」、「像」などの具体的な動作を表さない動詞と存在を表す動詞「有」は動態助詞としての「了」をつけることはできない。

（4）不表示具体动作的动词谓语句、一般的动词谓语句否定式和形容词谓语句等，句尾都可带"了"，表示变化。例如：

具体的な動作を表さない動詞述語文、一般の動詞述語文の否定形、及び形容詞述語文などはすべて文末に「了」をつけて変化を表すことができる。例えば、

⑥ 现在是冬天（dōngtiān, 冬）了，天气冷了。
⑦ 他现在不是学生，是老师了。
⑧ 我不去玛丽那儿了。

三 练习　練習

1. 按照实际情况回答问题　事実に基づいて次の問題に答えなさい

（1）现在你正在做什么？昨天这个时候你在做什么？
（2）到中国以后，你都去哪儿了？买了什么？
（3）你说汉语说得怎么样？汉字会不会写？
（4）你有没有觉得遗憾的事？请说一说。

2. 会话　会话の練習をしなさい

(1) 称赞（衣服、吃的、房间）　褒める（服、食べ物、部屋）

> 多好（漂亮、美、好看）啊！　　哪儿啊！
> 真好吃（干净……）！　　　　　马马虎虎！
> ……极了！　　　　　　　　　　是吗？
> 又……又……

(2) 道歉（来晚了、弄坏了东西、弄脏了东西）　謝る（遅刻する、物を壊す、物をよごす）

> 对不起！　　没关系。
> 请原谅！　　没什么。
> 真抱歉！

(3) 遗憾（好的地方没去、喜欢的东西没买到）
　　残念である（いい所に行けなかった、好きなものを買えなかった）

> 太可惜了！　　真不巧！　　真遗憾！

3. 完成对话　次の会話文を完成しなさい

(1) A：喂，玛丽吗？今天我请你吃晚饭。

　　B：真的吗？＿＿＿＿＿＿＿＿＿＿？

　　A：北京饭店。＿＿＿＿＿＿＿＿＿＿。

　　B：不用接我，七点我自己去。

(2) A：昨天的话剧好极了，你怎么没去看啊？

　　B：＿＿＿＿＿＿＿。＿＿＿＿＿＿＿！这个星期还演吗？

　　A：可能还演，你可以打电话问问。

4. 语音练习　発音練習

（1）声调练习：第二声+第四声　声調練習：第２声＋第４声

yíhàn　（遗憾）

búyào（しないで下さい）yíhàn　（不要遗憾）

yídìng búyào yíhàn　（一定不要遗憾）

（2）朗读会话　次の会話文を読みなさい

A: Zhè jiàn máoyī zhēn piàoliang, wǒ hěn xǐhuan zhè ge yánsè.

B: Kěxī yǒudiǎnr duǎn.

A:（Duì C）Nǐ bāng wǒ kànkan, yǒu cháng diǎnr de ma?

C: Méi yǒu.

A: Zhēn yíhàn.

四 阅读短文　次の短い文章を読みなさい

　　我昨天晚上到北京。今天早上我对姐姐说，我出去玩儿玩儿。姐姐说："你很累了，昨天晚上也没睡好觉，你今天在家休息，明天我带你去玩儿。"我在家觉得没意思，姐姐出去买东西的时候，我就一个人坐车出去了。

　　北京这个地方很大，我第一次来，也不认识路。汽车开到一个公园前边，我就下车了，进了那个公园。

　　公园的花儿开得漂亮极了。玩儿了一会儿我觉得累了，就坐在长椅（chángyǐ，ベンチ）上休息。

　　"喂，要关门（guān mén，門を閉める）了，快回去吧！"一个公园里的人叫我。哎呀，刚才我睡着（shuì zháo，寝ている）了。现在已经（yǐjīng，もう，すでに）很晚了，我想姐姐一定在找我呢，得（děi，……しなければならない）快回家了。

26 祝贺你
おめでとう

zhùhè
祝贺
祝賀

一 句子 基本文

181
这次考试，成绩还可以。
Zhè cì kǎoshì, chéngjì hái kěyǐ.
今回の試験は成績がまあまあです。

182
他的成绩全班第一。
Tā de chéngjì quán bān dì yī.
彼の成績はクラスで一番です。

183
考得真好，祝贺你！
Kǎo de zhēn hǎo, zhùhè nǐ!
よくやりましたね。おめでとう。

184
祝你生日快乐！ お誕生日おめでとう。
Zhù nǐ shēngrì kuàilè!

185
祝你身体健康！ ご健康をお祈りします。
Zhù nǐ shēntǐ jiànkāng!

186
尼娜有事来不了。
Nínà yǒu shì lái bu liǎo.
ニーナちゃんは用事があるので、来られなくなりました。

26 祝贺你　おめでとう

187　你打开盒子看看。
Nǐ dǎ kāi hézi kànkan.
箱を開けて、見てください。

188　我送你一件礼物，请收下。
Wǒ sòng nǐ yí jiàn lǐwù, qǐng shōu xia.
私からの贈り物です。どうぞ受け取ってください。

二 会话 会話

1

刘京：这次考试成绩怎么样？
Liú Jīng: Zhè cì kǎoshì chéngjì zěnmeyàng?

大卫：还可以。笔试九十分，口试八十五分。
Dàwèi: Hái kěyǐ. Bǐshì jiǔshí fēn, kǒushì bāshíwǔ fēn.

玛丽：你知道吗？他的成绩全班第一。
Mǎlì: Nǐ zhīdào ma? Tā de chéngjì quán bān dì yī.

刘京：考得真好，祝贺你！
Liú Jīng: Kǎo de zhēn hǎo, zhùhè nǐ!

大卫：玛丽也考得不错。
Dàwèi: Mǎlì yě kǎo de búcuò.

玛丽：这要感谢刘京和
Mǎlì: Zhè yào gǎnxiè Liú Jīng hé

　　　王兰的帮助。
　　　Wáng Lán de bāngzhù.

2

玛丽：王兰，祝你生日快乐！
Mǎlì: Wáng Lán, zhù nǐ shēngrì kuàilè!

刘京：我们送你一个生日蛋糕。祝你身体健康！
Liú Jīng: Wǒmen sòng nǐ yí ge shēngrì dàngāo. Zhù nǐ shēntǐ jiànkāng!

王兰：谢谢！
Wáng Lán: Xièxie!

大卫：这是我给你的花儿。
Dàwèi: Zhè shì wǒ gěi nǐ de huār.

王兰：这些花儿真漂亮。
Wáng Lán: Zhè xiē huār zhēn piàoliang.

大卫：尼娜有事来不了，她祝你生日愉快。
Dàwèi: Nínà yǒu shì lái bu liǎo, tā zhù nǐ shēngrì yúkuài.

王兰：谢谢。大家请坐。
Wáng Lán: Xièxie. Dàjiā qǐng zuò.

和子：我送你一件礼物，请收下。
Hézǐ: Wǒ sòng nǐ yí jiàn lǐwù, qǐng shōu xia.

刘京：你知道她送的是什么吗？
Liú Jīng: Nǐ zhīdào tā sòng de shì shénme ma?

王兰：不知道。
Wáng Lán: Bù zhīdào.

和子：你打开盒子看看。
Hézǐ: Nǐ dǎ kāi hézi kànkan.

王兰：啊，是一只小狗。
Wáng Lán: À, shì yì zhī xiǎo gǒu.

刘京：这个小东西多可爱啊！①
Liú Jīng: Zhè ge xiǎo dōngxi duō kě'ài a!

26 祝贺你 おめでとう

注释　注釈

❶ 这个小东西多可爱啊！　このおもちゃは本当にかわいいですね。
　"小东西"这里指的是玩具小狗。有时"小东西"也可指人或动物，并含有喜爱的感情。
　「小东西」はここではおもちゃの犬を指す。人間や動物を指す時もある。可愛がる気持ちがこめられている。

三　替换与扩展　置き換えと広げる

替换　置き換え

(1) 祝你<u>生日快乐</u>！　»«　| 生日愉快 | 身体健康 |
　　　　　　　　　　　　　　| 生活幸福 | 工作顺利 |

(2) 你打开<u>盒子 看看</u>。　»«　| 衣柜　找 | 窗户　看 |
　　　　　　　　　　　　　　　| 信箱　看 | 门　　看 |

(3) 这个<u>小东西多可爱</u>啊！　»«　| 公园　美 | 问题　难 |
　　　　　　　　　　　　　　　　| 鱼　好吃 | 地方　好玩儿 |

扩展　広げる

(1) 今天玛丽的一个朋友结婚，玛丽发了微信
　　Jīntiān Mǎlì de yí ge péngyou jié hūn, Mǎlì fā le wēixìn
　　祝贺他们。
　　zhùhè tāmen.

(2) 祝你们新婚愉快，生活幸福！
　　Zhù nǐmen xīnhūn yúkuài, shēnghuó xìngfú!

汉语会话 301 句 下册

四 生词 新出単語

1	成绩	chéngjì	名	成績
2	全	quán	形/副	全部の，すべての；完全に
3	班	bān	名	クラス
4	考	kǎo	动	試験を受ける
5	祝贺	zhùhè	动	祝う，祝賀する
6	祝	zhù	动	祝う，願う
7	快乐	kuàilè	形	楽しい
8	了	liǎo	动	「動詞＋得」か「動詞＋不」の後に入れて可能を表す
9	打开	dǎ kāi		開ける
10	盒子	hézi	名	箱，ケース
11	笔试	bǐshì	名	筆記試験
12	分	fēn	名	点数
13	口试	kǒushì	名	口頭試験
14	蛋糕	dàngāo	名	ケーキ
15	只	zhī	量	犬などの動物を数える助数詞
16	狗	gǒu	名	犬
17	可爱	kě'ài	形	かわいい
18	幸福	xìngfú	形/名	幸福である；幸せ
19	门	mén	名	ドア，門
20	问题	wèntí	名	問題
21	难	nán	形	難しい
22	微信	wēixìn	名	ウィチャット
23	新婚	xīnhūn	动	新婚

26 祝贺你　おめでとう

五　语法　文法

1. 可能补语（1）　可能補語（1）

在动词和结果补语之间加上结构助词"得"，就构成了表示可能的可能补语。如"修得好""打得开"，就是"能修好""能打开"的意思。它的否定式是将中间的"得"换成"不"，如"修不好""打不开"等等。

動詞とその結果補語の間に構造助詞「得」を加えると、可能を表す可能補語を作ることができる。例えば「修得好」は「能修好」、「打得开」は「能打开」という意味である。その否定式は構造助詞「得」を「不」に換えて作られる。例えば「修不好」、「打不开」などである。

2. 动词"了"作可能补语　可能補語としての「了」

（1）动词"了"表示"完毕"或"结束"的意思。常用在动词后，构成可能补语，表示对行为实现的可能性作出估计。例如：

動詞「了」は「完了」、「終わる」という意味を表す。動詞の後にいれて、可能補語を作ることができる。その場合、動作実現の可能性についての予測を表す。例えば、

① 明天你去得了公园吗？　　② 他病了，今天来不了了。

（2）有时作可能补语仍旧表示"完毕"的意思。例如：
可能補語として使われる時、ただ「完了」の意味を表す場合もある。例えば、

③ 这么多菜，我一个人吃不了。
④ 做这点儿练习，用不了半个小时。

3. "开""下"作结果补语　結果補語としての「开」、「下」

A. 动词"开"作结果补语　結果補語としての動詞「开」

（1）表示通过动作使合拢、连接的东西分开。例如：
動作によって閉まっているものを開けたり、つながっているものを分けたりすることを表す。例えば、

① 她打开衣柜拿了一件衣服。
② 请打开书，看第十五页（yè, ページ）。

（2）表示通过动作，使人或物离开某处。例如：
動作によって人や物がある場所を離れることを表す。例えば、

③ 车来了，快走开！
④ 快拿开桌子上的东西。

B. 动词"下"作结果补语　結果補語としての「下」

（1）表示人或事物随动作从高处到低处。例如：
人や物が動作と共に高いところから低いところに向かうことを表す。例えば、

⑤ 你坐下吧。
⑥ 他放下书就去吃饭了。

（2）使某人或某物固定在某处。例如：
人や物がある場所に固定することを表す。例えば、

⑦ 写下你的电话号码。
⑧ 请收下这个礼物吧。

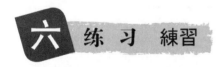 练习　練習

1. 熟读下列短语并选择几个造句
　次の連語をよく読み、いくつか選んで文を作りなさい

全班	生活幸福	买礼物	来得了
全家	全家幸福	送礼物	来不了
全校	幸福的生活	生日礼物	吃得了
全国	幸福的孩子	结婚礼物	吃不了

26 祝贺你　おめでとう

2. 用"多……啊"完成句子　"多……啊"を使って次の文を完成しなさい

(1) 这件衣服的颜色_____，孩子们穿最好看。

(2) 上课的时候，我去晚了，你知道我_____！

(3) 你没去过长城？那_____！

(4) 你爸爸、妈妈都很健康，你们全家_____！

(5) 你新买的自行车坏了，_____！

3. 完成对话（用上祝愿、祝贺的话）
次の会話文を完成しなさい（「祝う」、「祈る」の意味を表す言葉を用いること）

(1) A：听说你的两张画儿参加了画展，_____！

　　B：谢谢！欢迎参观。

(2) A：明天要考试了。

　　B：_____！

(3) A：我妈妈来了，我明天陪她出去玩儿玩儿。

　　B：_____！

4. 用结果补语或可能补语完成句子
結果補語、または可能補語を使って、下の文を完成しなさい

(1) 房间里太热了，请_____。

(2) 这是他给你的礼物，请_____。

(3) 我的手表坏了，_____？

(4) 这么多菜，我们_____。

(5) 这件衣服真脏，_____？

(6) 明天的会你_____？

5. 会话　会話の練習をしなさい

（1）你朋友考试成绩很好，你向他/她祝贺。
　　お友達はいい成績が取れたので、お祝いの言葉を中国語で表現する。

（2）你的朋友结婚，你去祝贺他/她。
　　お友達が結婚式を挙げるから、お祝いをする。

6. 听后复述　聞いてから述べる

　　上星期英语系的同学用英语唱歌、演话剧（huàjù，新劇）。王兰、刘京都参加了。那些同学的英语说得真好，歌唱得更好。以后我们要是能用汉语演话剧就好了。

　　刘京他们班演的话剧是全系第一，王兰唱歌是第三。我们高兴极了，都去祝贺他们。

7. 语音练习　発音練習

(1) 常用音节练习　常用音節練習

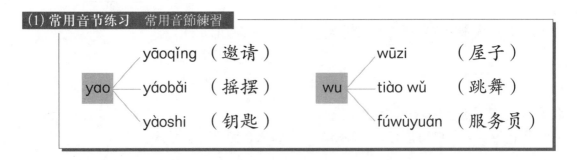

(2) 朗读会话　次の会話文を読みなさい

A: Xīnnián hǎo!

B: Xīnnián hǎo! Zhù nǐ xīnnián kuàilè!

A: Zhù nǐmen quán jiā xìngfú!

B: Zhù nǐmen shēntǐ jiànkāng, shēnghuó yúkuài!

A: Xièxie!

quàngào
劝告
忠告

27 你别抽烟了
たばこをやめてください

一 句子 基本文

189 我有点儿咳嗽。少しせきが出ます。
Wǒ yǒudiǎnr késou.

190 你别抽烟了。たばこをやめてください。
Nǐ bié chōu yān le.

191 抽烟对身体不好。
Chōu yān duì shēntǐ bù hǎo.
たばこを吸うのは体によくないです。

192 你去医院看看吧。
Nǐ qù yīyuàn kànkan ba.
病院に行って診てもらいなさい。

193 你开车开得太快了。
Nǐ kāi chē kāi de tài kuài le.
あなたはスピードを出しすぎですよ。

194 开快了容易出事故。
Kāi kuài le róngyì chū shìgù.
スピードを出しすぎると、事故を起こしやすい。

195 昨天清华大学前边出交通事故了。
Zuótiān Qīnghuá Dàxué qiánbian chū jiāotōng shìgù le.
昨日清華大学前で交通事故があったんです。

忠告 61

196 你得注意安全啊!
Nǐ děi zhùyì ānquán a!
安全に注意しなければいけませんよ。

二 会话 会话

1

李红: 老张①, 你 怎 么 了?
Lǐ Hóng: Lǎo Zhāng, nǐ zěnme le?

老张: 没 什 么, 有 点 儿 咳 嗽。
Lǎo Zhāng: Méi shénme, yǒudiǎnr késou.

李红: 你 别 抽 烟 了。
Lǐ Hóng: Nǐ bié chōu yān le.

老张: 我 每 天 抽 得 不 多。
Lǎo Zhāng: Wǒ měi tiān chōu de bù duō.

李红: 那 对 身 体 也 不 好。
Lǐ Hóng: Nà duì shēntǐ yě bù hǎo.

老张: 我 想 不 抽, 可 是 觉 得 不 舒 服。
Lǎo Zhāng: Wǒ xiǎng bù chōu, kěshì juéde bù shūfu.

李红: 时 间 长 了 就 习 惯 了。
Lǐ Hóng: Shíjiān cháng le jiù xíguàn le.

老张: 好, 我 试 试。今 天 先 吃 点 儿 药。
Lǎo Zhāng: Hǎo, wǒ shìshi. Jīntiān xiān chī diǎnr yào.

李红: 你 去 医 院 看 看 吧。
Lǐ Hóng: Nǐ qù yīyuàn kànkan ba.

27 你别抽烟了 たばこをやめてください

2

王兰: 你开车开得太快了。这样不安全。
Wáng Lán: Nǐ kāi chē kāi de tài kuài le. Zhèyàng bù ānquán.

大卫: 我有事，得快点儿去。
Dàwèi: Wǒ yǒu shì, děi kuài diǎnr qù.

王兰: 那也不能开得这么快。
Wáng Lán: Nà yě bù néng kāi de zhème kuài.

大卫: 没关系。我开车的技术好。
Dàwèi: Méi guānxi. Wǒ kāi chē de jìshù hǎo.

王兰: 开快了容易出事故。昨天清华大学
Wáng Lán: Kāi kuài le róngyì chū shìgù. Zuótiān Qīnghuá Dàxué

前边出交通事故了。
qiánbian chū jiāotōng shìgù le.

大卫: 真的吗？
Dàwèi: Zhēn de ma?

王兰: 你得注意安全啊！
Wáng Lán: Nǐ děi zhùyì ānquán a!

大卫: 好，我以后不开
Dàwèi: Hǎo, wǒ yǐhòu bù kāi

快车了。
kuài chē le.

注释　注釈

❶ 老张　張さん

対五六十岁的同事、朋友、邻居等，在姓氏前面加"老"用作称呼，其语气比直呼姓名亲切，对女性不常用。

五六十代の知り合いに呼びかける際、よくその人の名前の前に「老」をつけられる。直接相手の名前を呼びかけるより、親しく感じられる。女性にはあまり使わない。

汉语会话 301句 下册

三 替换与扩展　置き換えと広げる

替换　置き換え

(1) 你别<u>抽烟</u>了。

去那儿	喝酒
开快车	迟到

(2) 你<u>开车</u> <u>开</u>得太<u>快</u>了。

写字	写	慢
睡觉	睡	晚
起床	起	早
说汉语	说	快

扩展　広げる

(1) 我头疼、咳嗽，可能感冒了。一会儿我去医院看病。
　　Wǒ tóu téng、késou, kěnéng gǎnmào le. Yíhuǐr wǒ qù yīyuàn kàn bìng.

(2) 每个人都要注意交通安全。
　　Měi ge rén dōu yào zhùyì jiāotōng ānquán.

(3) 小孩子不要在马路上玩儿。
　　Xiǎoháizi búyào zài mǎlù shang wánr.

27 你别抽烟了 たばこをやめてください

四 生词 新出単語

#	単語	ピンイン	品詞	意味
1	有点儿	yǒudiǎnr	副	ちょっと，少し
2	咳嗽	késou	动	せきをする
3	抽	chōu	动	吸う
4	烟	yān	名	たばこ
5	医院	yīyuàn	名	病院
6	事故	shìgù	名	事故
7	交通	jiāotōng	名	交通
8	得	děi	能愿	……しなければならない
9	注意	zhùyì	动	気をつける，注意する
10	安全	ānquán	形	安全な
11	每	měi	代	毎，ごとに，ずつ
12	舒服	shūfu	形	気分がよい，心地よい
13	习惯	xíguàn	动/名	……に慣れる；習慣
14	药	yào	名	薬
15	技术	jìshù	名	技術
16	迟到	chídào	动	遅刻する
17	头	tóu	名	頭
18	疼	téng	形	痛い
19	感冒	gǎnmào	动/名	風邪を引く；風邪
20	病	bìng	名/动	病気；病気になる
21	不要	búyào	副	……しないでください
22	马路	mǎlù	名	道，通り

五 语法 文法

1. "有点儿"作状语 連用修飾語としての「有点儿」

"有点儿"在动词或形容词前作状语,表示程度轻微,并带有不如意的意思。例如:
「有点儿」は動詞や形容詞の前に用いて、連用修飾語として使う時、程度がわずかであることを表す。また消極的・否定的な意味、及び望ましくない意味を持つ。例えば、

① 这件事有点儿麻烦。　　② 今天有点儿热。
③ 他有点儿不高兴。

2. 存现句 存現文

表示人或事物在某处存在、出现或消失的动词谓语句叫作存现句。例如:
人や事物がある場所に存在したり、現われたり、なくなったりすることを表す動詞述語文は存現文と呼ばれる。例えば、

① 昨天清华大学前边出交通事故了。
② 桌子上有一本汉英词典。
③ 前边走来一个外国人。
④ 上星期走了一个美国学生。

六 练习 練習

1. 用"有点儿"或"(一)点儿"填空
「有点儿」、「(一)点儿」を使って空白を埋めなさい

(1) 这件衣服_____长,请换一件短_____的。

(2) 刚来中国的时候,我生活_____不习惯,现在习惯_____了。

(3) 现在这么忙,你应该注意_____身体。

(4) 你病了,得去医院看看,吃_____药。

(5) 他刚才喝了_____酒,头_____疼,现在已经好_____了。

27 你别抽烟了　たばこをやめてください

2. 完成对话　次の会話文を完成しなさい

（1）A：我想骑车去北海公园。

　　　B：路太远，＿＿＿＿＿＿＿＿＿＿＿＿＿＿＿＿。

　　　A：＿＿＿＿＿＿＿＿＿＿＿＿＿＿，我不累。

　　　B：路上车多人多，要＿＿＿＿＿＿＿＿＿＿＿＿＿＿＿。

　　　A：我会的。

（2）A：我们唱唱歌吧。

　　　B：＿＿＿＿＿＿＿＿＿＿＿＿＿＿，现在十一点了，大家都要休息了。

　　　A：好，＿＿＿＿＿＿＿＿＿＿＿＿＿＿＿。

3. 会话（用上表示劝告的话）　会話の練習をしなさい（忠告表現を用いること）

（1）有个人在公共汽车上抽烟，售票员和抽烟的人对话。
　　　バスの中でたばこを吸う人がいる。車掌とその人の会話。

（2）有一个参观的人要照相，可是这里不允许照相。你告诉他并劝阻他。
　　　観光客の一人が写真を撮りたいのですが、そこは撮影禁止になっています。その観光客に撮影しないようにと注意する。

（3）有一个人骑车，车后还带了一个人，这在中国是不允许的。警察和骑车的人对话。
　　　自転車に乗って後ろに人を乗せている人がいますが、自転車の二人乗りは中国では禁止されいます。警察とその人との会話。

4. 把下列句子改成存现句　次の文を存現文に書き直しなさい

例　例えば　有两个人往这边走来了。　→　前边来了两个人。

（1）有两个新同学来我们班了。　→＿＿＿＿＿＿＿＿＿＿＿＿＿＿＿

（2）一支铅笔、一个本子放在桌子上。→＿＿＿＿＿＿＿＿＿＿＿＿＿＿＿

（3）两个中国朋友到我们宿舍来了。　→＿＿＿＿＿＿＿＿＿＿＿＿＿＿＿

（4）一辆汽车从那边开来了。　→＿＿＿＿＿＿＿＿＿＿＿＿＿＿＿

5. 听后复述　聞いてから述べる

昨天是刘京的生日，我们去他家给他祝贺。他妈妈做的菜很好吃。我们喝酒、吃饭、唱歌、跳舞，高兴极了。大家劝（quàn，忠告する）大卫别喝酒。为什么呢？他是骑摩托车（mótuōchē，オートバイ）去的。他要是喝酒，就太不安全了。

6. 语音练习　発音練習

(1) 常用音节练习　常用音節練習

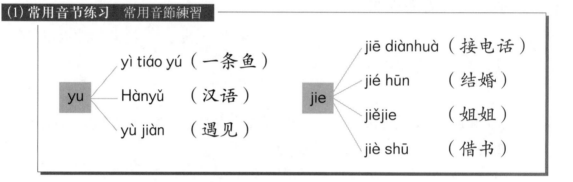

(2) 朗读会话　次の会話文を読みなさい

A: Bié jìn qu le.

B: Wèi shénme?

A: Tā yǒudiǎnr bù shūfu, shuì jiào le.

B: Nǐ zhīdào tā shì shénme bìng ma?

A: Gǎnmào.

B: Chī yào le ma?

A: Gāng chī guo.

bǐjiào
比较
比较

28 今天比昨天冷
今日は昨日より寒いです

一 句子 基本文

197 今天比昨天冷。今日は昨日より寒いです。
Jīntiān bǐ zuótiān lěng.

198 这儿比东京冷多了。
Zhèr bǐ Dōngjīng lěng duō le.
ここは東京よりずっと寒いです。

199 有时候下雨。時々雨が降ります。
Yǒu shíhou xià yǔ.

200 天气预报说，明天有大风。
Tiānqì yùbào shuō, míngtiān yǒu dà fēng.
天気予報によるとあした大風が吹くそうです。

201 明天比今天还冷呢。
Míngtiān bǐ jīntiān hái lěng ne.
あしたは今日よりもっと寒いです。

202 你要多穿衣服。
Nǐ yào duō chuān yīfu.
服をたくさん着るようにしてください。

203 那儿的天气跟这儿一样吗?
Nàr de tiānqì gēn zhèr yíyàng ma?
あそこの天気はここと同じですか。

204 气温在零下二十多度。
Qìwēn zài líng xià èrshí duō dù.
気温はマイナス20度以下です。

二 会话 会話

1

刘京: 今天天气真冷。
Liú Jīng: Jīntiān tiānqì zhēn lěng.

和子: 是啊。今天比昨天冷,
Hézǐ: Shì a. Jīntiān bǐ zuótiān lěng,

温度比昨天低五度。
wēndù bǐ zuótiān dī wǔ dù.

刘京: 这儿的天气你习惯了吗?
Liú Jīng: Zhèr de tiānqì nǐ xíguàn le ma?

和子: 还不太习惯呢。这儿比东京冷多了。
Hézǐ: Hái bú tài xíguàn ne. Zhèr bǐ Dōngjīng lěng duō le.

刘京: 你们那儿冬天不太冷吧?
Liú Jīng: Nǐmen nàr dōngtiān bú tài lěng ba?

和子: 是的。
Hézǐ: Shì de.

刘京: 东京常下雪吗?
Liú Jīng: Dōngjīng cháng xià xuě ma?

28 今天比昨天冷　今日は昨日より寒いです

和子：很少下雪。有时候下雨。
Hézǐ: Hěn shǎo xià xuě. Yǒu shíhou xià yǔ.

刘京：天气预报说，明天有大风，比今天还冷呢。
Liú Jīng: Tiānqì yùbào shuō, míngtiān yǒu dà fēng, bǐ jīntiān hái lěng ne.

和子：是吗？
Hézǐ: Shì ma?

刘京：你要多穿衣服，别感冒了。
Liú Jīng: Nǐ yào duō chuān yīfu, bié gǎnmào le.

2

玛丽：张老师，北京的夏天热吗？
Mǎlì: Zhāng lǎoshī, Běijīng de xiàtiān rè ma?

张老师：很热。你们那儿跟这儿一样吗？
Zhāng lǎoshī: Hěn rè. Nǐmen nàr gēn zhèr yíyàng ma?

玛丽：不一样，夏天不热，冬天很冷。
Mǎlì: Bù yíyàng, xiàtiān bú rè, dōngtiān hěn lěng.

张老师：有多冷？
Zhāng lǎoshī: Yǒu duō lěng?

玛丽：零下二十多度。
Mǎlì: Líng xià èrshí duō dù.

张老师：真冷啊！
Zhāng lǎoshī: Zhēn lěng a!

玛丽：可是我喜欢冬天。
Mǎlì: Kěshì wǒ xǐhuan dōngtiān.

张老师：为什么？
Zhāng lǎoshī: Wèi shénme?

玛丽：可以滑冰、滑雪。
Mǎlì: Kěyǐ huá bīng、huá xuě.

三 替换与扩展 置き換えと広げる

替换 置き換え

(1) 今天比昨天冷。

这儿	那儿	暖和
这本书	那本书	旧
他	我	瘦

(2) 这儿比东京冷多了。

这儿	那儿	凉快
这个练习	那个练习	难
这条路	那条路	远
这个歌	那个歌	好听

(3) 明天比今天还冷呢。

那儿的东西	这儿	贵
那个颜色	这个	好看
那个孩子	这个	胖

扩展 広げる

(1) 欢迎你秋天来北京。那时候天气最好，不冷也不热。
Huānyíng nǐ qiūtiān lái Běijīng. Nà shíhou tiānqì zuì hǎo, bù lěng yě bú rè.

(2) 北京的春天常常刮风，不常下雨。
Běijīng de chūntiān chángcháng guā fēng, bù cháng xià yǔ.

28 今天比昨天冷　今日は昨日より寒いです

四　生词　新出単語

1	比	bǐ	介	……より……，……と比べて……
2	有时候	yǒu shíhou		時には
3	下	xià	动	（雨が）降る
4	雨	yǔ	名	雨
5	预报	yùbào	动/名	予報する；予報
6	气温	qìwēn	名	気温
7	度	dù	量	度
8	温度	wēndù	名	温度
9	低	dī	形	低い
10	冬天	dōngtiān	名	冬
11	雪	xuě	名	雪
12	夏天	xiàtiān	名	夏
13	滑	huá	动	滑る
14	冰	bīng	名	氷
15	暖和	nuǎnhuo	形	暖かい
16	旧	jiù	形	古い
17	瘦	shòu	形	やせている
18	凉快	liángkuai	形	涼しい
19	胖	pàng	形	太っている
20	秋天	qiūtiān	名	秋
21	春天	chūntiān	名	春
22	刮	guā	动	（風が）吹く

五 语法 文法

1. 用"比"表示比较 「比」を用いる比較文

（1）介词"比"可以比较两个事物的性质、特点等。例如：
前置詞「比」は二つの物事の性質や特徴を比較する時に使われる。例えば、

> ① 他比我忙。　　　　② 他二十岁，我十九岁，他比我大。
> ③ 今天比昨天暖和。　④ 他唱歌唱得比我好。

（2）要表示大概的差别，可以用"一点儿""一些"表示程度相差不大，或用"多了""得多"表示程度相差很大。例如：
「一点儿」、「一些」を用い、程度の差が大きくないことを表す。また「多了」、「得多」を用い、程度の差が大きいことを表す。例えば、

> ⑤ 他比我大一点儿（一些）。　⑥ 那儿比这儿冷多了。
> ⑦ 这个教室比那个教室大得多。　⑧ 他跳舞跳得比我好得多。

（3）用"比"的句子里不能再用"很""非常""太"等程度副词。例如，不能说"他比我很大""今天比昨天非常暖和"等等。
「比」を使う文には「很」、「非常」、「太」などの程度を表す副詞を用いることができない。例えば「他比我很大」、「今天比昨天非常暖和」などとは言えない。

2. 数量补语 数量補語

在用"比"表示比较的形容词谓语中，如果要表示两个事物的具体差别，就在谓语后边加上数量词作补语。例如：
「比」を用いる形容詞述語文において、比較する二つの物事の具体的な差を表したい場合、述語の後に補語としての数量詞を加える。例えば、

> ① 今天的温度比昨天低五度。　② 他比我大两岁。
> ③ 他家比我家多两口人。

28 今天比昨天冷　今日は昨日より寒いです

3. 用"多"表示概数　「多」を用いて概数を表す

"多"用在数量词或数词后，表示比前面的数目略多。
「多」は数量詞か数詞の後に置かれたとき、前にある数よりやや多いことを表す。

（1）以 1~9 结尾的数词及数词 10，"多"用在数量词后表示"不足 1"的概数。例如：
「1-9」で結ぶ数詞及び「10」で結ぶ数詞、その数量詞の後にある「多」は「整数になっていない」ことを表す。例えば、

> 两岁多（"多"不足一岁）
> 56 块多（"多"不足一块钱）
> 378 米多长（"多"不足一米）
> 10 个多月（"多"不足一个月）

（2）数词是以 0 结尾的，"多"用在数词后、量词前时，表示略大于前面数的概数（"多"表示 1 以上，10、100……以下，不够进位的整数）。例如：
数詞は「0」で終わった場合、「多」は数詞の後ろ、助数詞の前に置く。「多」はよくその数字よりやや多いことを表す。（「多」は1より多い、10か100……より少ない、整数になれない数字を表す。）例えば、

> 20 多岁（"多"不足 10 岁）
> 400 多块钱（"多"不足 100 块钱）
> 580 多人（"多"不足 10 人）
> 10 多斤重（"多"不足 10 斤）

六　练 习　練習

1. 熟读下列短语并选择几个造句
次の連語をよく読み、いくつか選んで文を作りなさい

| 上楼 | 上飞机 | 上课 | 楼上 | 桌子上 | 上星期 |
| 下楼 | 下飞机 | 下课 | 楼下 | 床下 | 下星期 |

2. 给下面的词语选择适当的位置
   括弧の中の言葉をそれぞれの文の入るべきところに入れなさい

   (1) 今天很冷，你要 A 穿 B 衣服。（多）

   (2) 你 A 喝 B 点儿酒吧。（少）

   (3) 以后我们 A 联系 B。（多）

   (4) 老师问你呢，你 A 回答 B！（快）

3. 用"比"改写句子　「比」を使って次の文を書き直しなさい

   例 例えば 我有五本书，他有二十本书。
   → 他的书比我多。/我的书比他少。

   (1) 我二十四岁，他二十岁。　→ _____
   (2) 昨天气温二十七度，今天二十五度。→ _____
   (3) 他的毛衣很好看，我的毛衣不好看。→ _____
   (4) 小王常常感冒，小刘很少有病。→ _____

4. 完成对话　次の会話文を完成しなさい

   A：你怎么又感冒了？

   B：这儿的春天 _____。（比　冷）

   A：_____？

   B：二十多度。

   A：_____。（比　暖和）

   B：这儿早上和晚上冷，中午暖和，_____。

   A：时间长了，你就习惯了。

5. 回答问题　次の問題に答えなさい

   (1) 今天三十四度，昨天三十度，今天比昨天高几度？

（2）张丽英家有五口人，王兰家只有三口人，张丽英家比王兰家多几口人？

（3）刘京二十三岁，王兰二十二岁，刘京比王兰大多了还是大一点儿？

（4）这个楼有四层，那个楼有十六层，那个楼比这个楼高多少层？

6. 听后复述　聞いてから述べる

人们都说春天好，春天是一年的开始（kāishǐ，始め）。要是有一个好的开始，这一年就会很顺利。一天也是一样，早上是一天的开始。要是从早上就注意怎么样生活、学习、工作，这一天就会过得很好。

让我们都爱（ài，愛する）春天、爱时间吧！要是不注意，以后会觉得遗憾的。

7. 语音练习　発音練習

(1) 常用音节练习　常用音節練習

(2) 朗读会话　次の会話文を読みなさい

A: Jīnnián dōngtiān bù lěng.

B: Shì bǐ qùnián nuǎnhuo.

A: Dōngtiān tài nuǎnhuo bù hǎo.

B: Wèi shénme?

A: Róngyì yǒu bìng.

àihào
爱好
趣味

29 我也喜欢游泳
私も水泳が好きです

一 句子 基本文

205 你喜欢什么运动？どんなスポーツが好きですか。
Nǐ xǐhuan shénme yùndòng?

206 爬山、滑冰、游泳，我都喜欢。
Pá shān、huá bīng、yóu yǒng, wǒ dōu xǐhuan.
山登りもスケートも水泳も全部好きです。

207 你游泳游得好不好？泳ぐのは上手ですか。
Nǐ yóu yǒng yóu de hǎo bu hǎo?

208 我游得不好，没有你游得好。
Wǒ yóu de bù hǎo, méiyǒu nǐ yóu de hǎo.
泳ぐのは上手ではありません，あなたほどうまく泳げません。

209 谁跟谁比赛？
Shéi gēn shéi bǐsài?
だれとだれが試合をするのですか。

210 北京队对广东队。
Běijīng Duì duì Guǎngdōng Duì.
北京チーム対広東チームです。

29 我也喜欢游泳 | 私も水泳が好きです

211 我在写毛笔字，没画画儿。
Wǒ zài xiě máobǐzì, méi huà huàr.
書道をしています。絵は描いていません。

212 我想休息一会儿。ちょっと休憩したい。
Wǒ xiǎng xiūxi yìhuǐr.

二 会话 会話

1

刘京：你喜欢什么运动？
Liú Jīng: Nǐ xǐhuan shénme yùndòng?

大卫：爬山、滑冰、游泳，我都喜欢，你呢？
Dàwèi: Pá shān、huá bīng、yóu yǒng, wǒ dōu xǐhuan, nǐ ne?

刘京：我常常踢足球、打篮球，也喜欢
Liú Jīng: Wǒ chángcháng tī zúqiú、dǎ lánqiú, yě xǐhuan

游泳。
yóu yǒng.

大卫：你游得好不好？
Dàwèi: Nǐ yóu de hǎo bu hǎo?

刘京：我游得不好，没有你游得好。明天有
Liú Jīng: Wǒ yóu de bù hǎo, méiyǒu nǐ yóu de hǎo. Míngtiān yǒu

足球比赛，你看吗？
zúqiú bǐsài, nǐ kàn ma?

大卫：谁跟谁比赛？
Dàwèi: Shéi gēn shéi bǐsài?

趣味

刘京：北京队对广东队。
Liú Jīng: Běijīng Duì duì Guǎngdōng Duì.

大卫：那一定很有意思。我很想看，票一定很难买吧？
Dàwèi: Nà yídìng hěn yǒu yìsi. Wǒ hěn xiǎng kàn, piào yídìng hěn nán mǎi ba?

刘京：现在去买，可能买得到。
Liú Jīng: Xiànzài qù mǎi, kěnéng mǎi de dào.

2

玛丽：你在画画儿吗？
Mǎlì: Nǐ zài huà huàr ma?

大卫：在写毛笔字，没画画儿。
Dàwèi: Zài xiě máobǐzì, méi huà huàr.

玛丽：你写得真不错！
Mǎlì: Nǐ xiě de zhēn búcuò!

大卫：练了两个星期了。我没有和子写得好。
Dàwèi: Liàn le liǎng ge xīngqī le. Wǒ méiyǒu Hézǐ xiě de hǎo.

玛丽：我也很喜欢写毛笔字，可是一点儿也不会。
Mǎlì: Wǒ yě hěn xǐhuan xiě máobǐzì, kěshì yìdiǎnr yě bú huì.

大卫：没关系，你想学，王老师可以教你。
Dàwèi: Méi guānxi, nǐ xiǎng xué, Wáng lǎoshī kěyǐ jiāo nǐ.

玛丽：那太好了！
Mǎlì: Nà tài hǎo le!

大卫：写累了，我想休息一会儿。
Dàwèi: Xiě lèi le, wǒ xiǎng xiūxi yìhuǐr.

玛丽：走，出去散散步吧。
Mǎlì: Zǒu, chū qu sànsan bù ba.

三 替换与扩展　置き換えと広げる

替换　置き換え

（1）你<u>游泳</u> 游得<u>好</u>不<u>好</u>？

跑步	跑	快
打网球	打	好
洗衣服	洗	干净
回答问题	回答	对

（2）<u>票</u>一定很难<u>买</u>吧？

毛笔字	写
广东话	懂
中国画	画
汉语	学

（3）我想<u>休息</u>一会儿。　　坐　睡　站　躺

扩展　広げる

（1）放 假 的 时 候，他 常 去 旅 行。
　　Fàng jià de　shíhou,　tā cháng qù　lǚxíng.

（2）他 每 天 早 上 打 太 极 拳，晚 饭 后 散 步。
　　Tā měi tiān zǎoshang dǎ　tàijíquán,　wǎnfàn hòu sàn bù.

（3）糟 糕，我 的 钥 匙 丢 了。
　　Zāogāo, wǒ de yàoshi diū le.

四 生词 新出単語

1	运动	yùndòng	名/动	スポーツ；運動する
2	爬	pá	动	登る
3	山	shān	名	山
4	游泳	yóu yǒng		水泳
5	游	yóu	动	泳ぐ
6	比赛	bǐsài	动/名	試合する；試合
7	队	duì	名	チーム
8	毛笔	máobǐ	名	筆
9	踢	tī	动	蹴る
10	足球	zúqiú	名	サッカー
11	篮球	lánqiú	名	バスケットボール
12	练	liàn	动	練習する
13	教	jiāo	动	教える
14	散步	sàn bù		散歩する
15	跑步	pǎo bù		ジョギング（する）
16	回答	huídá	动	答える
17	话	huà	名	話し
18	站	zhàn	动	立つ
19	躺	tǎng	动	横になる
20	放假	fàng jià		休みになる
21	旅行	lǚxíng	动	旅行する
22	太极拳	tàijíquán	名	太極拳
23	钥匙	yàoshi	名	鍵
24	丢	diū	动	紛失する，失う

29 我也喜欢游泳　私も水泳が好きです

📍 **专名　固有名詞**

| 广东 | Guǎngdōng | 広東省 |

五　语法　文法

1. 用"有"或"没有"表示比较　「有」あるいは「没有」を用いる比較文

动词"有"或其否定式"没有"可用于比较，表示达到或未达到某种程度，这种比较常用于疑问句和否定式。例如：

動詞「有」とその否定形「没有」は比較する時に使え、ある程度に達している、あるいは達していないことを表す。この種の比較文は常に疑問文と否定文に使う。例えば、

> ① 你有他高吗？
> ② 那棵（kē,木）树有五层楼那么高。
> ③ 广州没有北京冷。
> ④ 我没有你游得好。

2. 用"吧"的疑问句　「吧」を用いる疑問文

如对某事有了一定的估计，但还不能肯定，就用语气助词"吧"提问。例如：

ある物事についてすでにある程度の予測をしているけれども、確信できない時に、語気助詞「吧」を用いて質問する。例えば、

> ① 你最近很忙吧？　　② 票一定很难买吧？
> ③ 你很喜欢打球吧？

趣味

3. 时量补语（1） 時量補語（1）

时量补语用来说明一个动作或一种状态持续多长时间。例如：
時量補語は動作・行爲や状態が継続した時間の長さを説明する時に用いる。例えば、

① 我练了两个星期了。　　② 我们休息了十分钟。
③ 火车开走一刻钟了。　　④ 玛丽病了两天，没来上课。

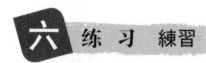 练习　練習

1. 给下面的词语配上适当的动词，组成动宾短语，并选择几个造句
次の単語の前に適切な動詞を入れて、動詞・目的語構造を作り、いくつから選んで文を作りなさい

| 足球 | 飞机 | 事故 | 礼物 | 问题 | 酒 |
| 汽车 | 电话 | 网球 | 生词 | 饭 | 歌 |

2. 把下面用"比"的句子改成用"没有"的否定句
次の「比」を使う文を「没有」を用いる否定形に書き直しなさい

（1）他滑冰比我滑得好。　→
（2）王兰爬山比张老师爬得快。→
（3）他的手机比我的好。　→
（4）这张照片比那张漂亮。　→

3. 给下面的词语选择适当的位置
括弧の中の言葉をそれぞれの文に入るべき場所に入れなさい

（1）我累极了，A 想 B 休息 C。（一会儿）
（2）他 A 在北京 B 住 C 了 D 了。（十年）
（3）他的宿舍离教室很近，A 走 B 就到了 C。（一刻钟）

（4）他 A 迟到 B 了 C。（十分钟）

4. **完成对话**　次の会話文を完成しなさい

（1）A：＿＿＿＿＿＿＿＿＿＿＿＿＿＿＿＿？

　　B：我喜欢打篮球，＿＿＿＿＿＿＿＿＿＿＿＿＿＿？

　　A：我不喜欢打篮球。

　　B：＿＿＿＿＿＿＿＿＿＿＿＿＿＿？

　　A：我喜欢爬山。

（2）A：＿＿＿＿＿＿＿＿＿＿＿＿＿＿？

　　B：我不喝酒。

　　A：＿＿＿＿＿＿＿＿＿＿＿＿＿？少喝一点儿没关系。

　　B：我开车，喝酒不安全。

（3）A：你喜欢吃什么饭菜？喜欢不喜欢做饭？

　　B：＿＿＿＿＿＿＿＿＿＿，＿＿＿＿＿＿＿＿＿＿。

（4）A：休息的时候你喜欢做什么？

　　B：＿＿＿＿＿＿＿＿＿＿＿＿＿＿＿＿。

（5）A：你喜欢喝什么？为什么？

　　B：＿＿＿＿＿＿＿＿＿＿＿＿＿＿。

5. **听后复述**　聞いてから述べる

　　汉斯（Hànsī，人名）有很多爱好（àihào，趣味）。他喜欢运动，冬天滑冰，夏天游泳。到中国以后，他还学会了打太极拳。他画的画儿也不错。他房间里的那张画儿就是他自己画的。可是他也有一个不好的"爱好"，那就是抽烟。现在他身体不太好，要是不抽烟，他的身体一定比现在好。

6. 语音练习　発音練習

(1) 常用音节练习　常用音節練習

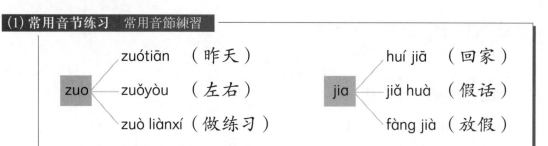

(2) 朗读会话　次の会話文を読みなさい

A: Nǐ xǐhuan shénme?

B: Wǒ xǐhuan dòngwù.

A: Wǒ yě xǐhuan dòngwù.

B: Shì ma? Nǐ xǐhuan shénme dòngwù?

A: Wǒ xǐhuan xiǎo gǒu, nǐ ne?

B: Wǒ xǐhuan dàxióngmāo.

yǔyán
语言
言葉

30 请你慢点儿说
ゆっくり話してください

一 句子 基本文

213
我的发音还差得远呢。
Wǒ de fāyīn hái chà de yuǎn ne.
私の発音はまだまだですよ。

214
你学汉语学了多长时间了?
Nǐ xué Hànyǔ xué le duō cháng shíjiān le?
どのぐらい中国語を勉強しましたか。

215
你能看懂中文报吗?
Nǐ néng kàn dǒng Zhōngwén bào ma?
中国語の新聞は読めますか。

216
听和说比较难,看比较容易。
Tīng hé shuō bǐjiào nán, kàn bǐjiào róngyì.
聞くのと話すのは比較的難しいですが、読むのは比較的簡単です。

217
慢点儿说,我听得懂。
Màn diǎnr shuō, wǒ tīng de dǒng.
ゆっくり言ってくれるなら、聞き取れます。

218
你忙什么呢?
Nǐ máng shénme ne?
あなたは何をそんなにばたばたしているんですか。

言葉 **87**

219 我父亲来了，我要陪他去旅行。
Wǒ fùqin lái le, wǒ yào péi tā qù lǚxíng.
父が来ているので、一緒に旅行に行かなければなりません。

220 除了广州、上海以外，我们还要去香港。
Chúle Guǎngzhōu、Shànghǎi yǐwài, wǒmen hái yào qù Xiānggǎng.
広州と上海のほかに私たちは香港へも行きます。

二 会话 会話

1

李红：你汉语说得不错，发音很清楚。
Lǐ Hóng: Nǐ Hànyǔ shuō de búcuò, fāyīn hěn qīngchu.

大卫：哪儿啊，还差得远呢。
Dàwèi: Nǎr a, hái chà de yuǎn ne.

李红：你学汉语学了多长时间了？
Lǐ Hóng: Nǐ xué Hànyǔ xué le duō cháng shíjiān le?

大卫：学了半年了。
Dàwèi: Xué le bàn nián le.

李红：你能看懂中文报吗？
Lǐ Hóng: Nǐ néng kàn dǒng Zhōngwén bào ma?

大卫：不能。
Dàwèi: Bù néng.

李红：你觉得汉语难不难？
Lǐ Hóng: Nǐ juéde Hànyǔ nán bu nán?

30 请你慢点儿说　ゆっくり話してください

大卫：听和说比较难，看比较容易，可以查
Dàwèi: Tīng hé shuō bǐjiào nán, kàn bǐjiào róngyì, kěyǐ chá

　　　词典。
　　　cídiǎn.

李红：我说的话，你能听懂吗？
Lǐ Hóng: Wǒ shuō de huà, nǐ néng tīng dǒng ma?

大卫：慢点儿说，我听得懂。
Dàwèi: Màn diǎnr shuō, wǒ tīng de dǒng.

李红：你应该多跟中国人谈话。
Lǐ Hóng: Nǐ yīnggāi duō gēn Zhōngguó rén tán huà.

大卫：对，这样可以提高听和说的能力。
Dàwèi: Duì, zhèyàng kěyǐ tígāo tīng hé shuō de nénglì.

2

王兰：你忙什么呢？
Wáng Lán: Nǐ máng shénme ne?

和子：我在收拾东西呢。我父亲
Hézǐ: Wǒ zài shōushi dōngxi ne. Wǒ fùqin

　　　来了，我要陪他去旅行。
　　　lái le, wǒ yào péi tā qù lǚxíng.

王兰：去哪儿啊？
Wáng Lán: Qù nǎr a?

和子：除了广州、上海以外，我们还要去香港。
Hézǐ: Chúle Guǎngzhōu、Shànghǎi yǐwài, wǒmen hái yào qù Xiānggǎng.

　　　我得给他当导游。
　　　Wǒ děi gěi tā dāng dǎoyóu.

王兰：那你父亲一定很高兴。
Wáng Lán: Nà nǐ fùqin yídìng hěn gāoxìng.

和子：麻烦的是广东话、上海话我都听不懂。
Hézǐ: Máfan de shì Guǎngdōng huà、Shànghǎi huà wǒ dōu tīng bu dǒng.

王兰：没关系，商店、饭店都说普通话。
Wáng Lán: Méi guānxi, shāngdiàn、fàndiàn dōu shuō pǔtōnghuà.

和子：他们能听懂我说的话吗？
Hézǐ: Tāmen néng tīng dǒng wǒ shuō de huà ma?

王兰：没问题。
Wáng Lán: Méi wèntí.

和子：那我就放心了。
Hézǐ: Nà wǒ jiù fàng xīn le.

三 替换与扩展　置き換えと広げる

 替换　置き換え

(1) 现在你能看懂中文报吗？

下午	布置好	教室
后天	修好	电视
晚上	做完	翻译练习

(2) A：你学汉语学了多长时间了？
　　B：学了半年了。

看比赛	看	一个小时
翻译句子	翻译	一个半小时
听音乐	听	二十分钟
打字	打	半个小时

(3) 除了广州、上海以外，我们还要去香港。

饺子	包子	吃菜
京剧	话剧	看杂技
洗衣机	电视	买冰箱

30 请你慢点儿说 ゆっくり話してください

📍 扩展　広げる

（1）汉语的发音不太难，语法也比较容易。
　　 Hànyǔ de fāyīn bú tài nán, yǔfǎ yě bǐjiào róngyì.

（2）我预习了一个小时生词，现在这些生词都
　　 Wǒ yùxí le yí ge xiǎoshí shēngcí, xiànzài zhè xiē shēngcí dōu
记住了。
jì zhù le.

四　生　词　新出単語 💿

1	发音	fāyīn	名	発音
2	比较	bǐjiào	副	比較的，割合に
3	父亲	fùqin	名	父
4	除了……以外	chúle……yǐwài		……のほかに，……を除いて
5	清楚	qīngchu	形	はっきりしている，明晰である
6	查	chá	动	調べる
7	谈	tán	动	話す
8	提高	tígāo	动	高める，引き上げる
9	能力	nénglì	名	能力
10	收拾	shōushi	动	片付ける
11	当	dāng	动	担当する，……になる
12	导游	dǎoyóu	名	ガイド
13	普通话	pǔtōnghuà	名	共通語
14	放心	fàng xīn		安心する

15	后天	hòutiān	名	あさって
16	小时	xiǎoshí	名	時間
17	打字	dǎ zì		タイプ，タイプする
18	包子	bāozi	名	肉まん
19	洗衣机	xǐyījī	名	洗濯機
20	冰箱	bīngxiāng	名	冷蔵庫
21	语法	yǔfǎ	名	文法
22	预习	yùxí	动	予習する
23	记	jì	动	覚える，記憶する

专名　固有名詞

| 1 | 广州 | Guǎngzhōu | 广州 |
| 2 | 香港 | Xiānggǎng | 香港 |

五　语法　文法

1. 时量补语（2）　時量補語（2）

（1）动词后有时量补语又有宾语时，一般要重复动词，时量补语在第二个动词之后。例如：
目的語を持つ文で、時量補語がある時には、動詞を繰り返し、時量補語を2番目に出る動詞の後におく。例えば、

① 他昨天等你等了一个小时。
② 他们开会开了半个小时。
③ 他念生词念了一刻钟。
④ 他学英语学了两年了。

（2）如果宾语是人称代词，宾语一般放在时量补语的前边。如果宾语不是人称代词，宾语放在时量补语的后边，宾语和时量补语之间也可以加"的"。例如：

目的語が人称代名詞の場合、目的語を時量補語の前に置く。目的語が人称代名詞ではない場合、目的語を時量補語の後ろに置く。また時量補語と目的語の間に「的」を入れてもよい。例えば、

⑤ 他昨天等了你一个小时。　⑥ 他们开了半个小时（的）会。
⑦ 他念了一刻钟（的）生词。　⑧ 他学了两年（的）英语。

（3）如果宾语较复杂或需要强调，也常把宾语提前。例如：

目的語が複雑な場合、あるいは目的語を強調して説明したい時には、目的語を文の最初に用いることができる。例えば、

⑨ 那件漂亮的毛衣他试了半天。
⑩ 那本小说他看了两个星期。

2. "除了……以外"　「除了……以外」構造

（1）表示在什么之外，还有别的。后边常有"还""也"等呼应。例如：

既知のほかに何かがあるという意味を表す。後によく「还」、「也」などと呼応する。例えば、

① 和子和她父亲除了去上海以外，还去广州、香港。
② 除了小王以外，小张、小李也会说英语。

（2）表示所说的人或事不包括在内。后边常有"都"呼应。例如：

話題になっている人や物事を除いて、その他の人や物事の共通点を述べる。後によく「都」と呼応する。例えば、

③ 这件事除了老张以外，我们都不知道。
④ 除了大卫以外，我们都去过长城了。

六 练习 練習

1. 熟读下列短语并选择几个造句
次の連語をよく読み、いくつか選んで文を作りなさい

参观了三小时	比赛了一（个）下午
修了一会儿	疼了一天
翻译了两天	旅行了一个星期
想了几分钟	收拾了半个小时

2. 用所给词语造句　下の言葉を使って文を作りなさい

例 例えば　开会　一个半小时 → 我们开会开了一个半小时。

（1）听音乐　二十分钟 →

（2）跳舞　半个小时 →

（3）坐火车　七个小时 →

（4）找钥匙　好几分钟 →

3. 仿照例子改写句子　例文にならって次の文を書き直しなさい

例 例えば　我喜欢小狗，还喜欢大熊猫。

→ 除了小狗以外，我还喜欢大熊猫。

（1）我每天都散步，还打太极拳。

→

（2）他会说英语，还会说汉语。

→

（3）在北京，他去过长城，没去过别的地方。

→

（4）我们班大卫会划船，别的人不会划船。
→ _____

4. **按照实际情况回答问题**　事実に基づいて次の問題に答えなさい

（1）你什么时候来北京的？来北京多长时间了？

（2）来中国以前你学过汉语吗？学了多长时间？

（3）每星期你们上几天课？

（4）你每天运动吗？做什么运动？运动多长时间？

（5）每天你几点睡觉？几点起床？大概睡多长时间？

5. **完成对话**　次の会話文を完成しなさい

A：昨天的电影你看了吗？

B：_____。

A：_____？

B：听不懂，说得太快。

A：我也是。_____。（要是……　能）

B：我们还要多练习听和说。

6. **听后复述**　聞いてから述べる

　　有一个小孩儿学认（rèn，覚える）字。老师在他的本子上写了一个"人"字，他学会了。第二天，老师见到他，在地上写了个"人"字，写得很大，他不认识了。老师说："这不是'人'字吗？你怎么忘了？"他说："这个人比昨天那个人大多了，我不认识他。"

7. 语音练习　発音練習

(1) 常用音节练习　常用音節練習

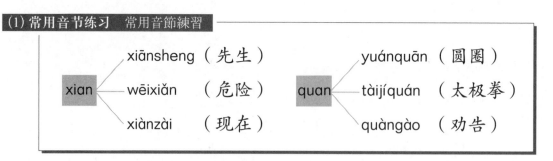

(2) 朗读会话　次の会話文を読みなさい

A: "Nā ná nǎ nà".

B: Nǐ liànxí fāyīn ne?

A: Shì a, wǒ juéde fāyīn yǒudiǎnr nán.

B: Nǐ fāyīn hěn qīngchu.

A: Hái chà de yuǎn ne.

B: Yàoshi nǐ měi tiān liànxí, jiù néng xué de hěn hǎo.

复习（六）

復習（六）

一　会话　会話

1

〔阿里（Ālǐ，アリー）、小王和小李都很喜欢旅行，他们约好今天去天津（Tiānjīn，天津）玩儿。现在阿里和小王在火车站等小李〕

阿里：小李怎么还不来？

小王：他是不是忘了？

阿里：不会的。昨天我给他打电话，说得很清楚，告诉他十点五十开车，今天我们在这儿等他。

小王：可能病了吧？

阿里：也可能有什么事，不能来了。

小王：火车马上开了，我们也不去了，回家吧。

阿里：去看看小李，问问他怎么回事（zěnme huí shì，どうしたのか）。

2

〔小李正在宿舍睡觉，阿里和小王进来〕

阿里：小李，醒（xǐng，起きなさい）醒。

小王：我说得不错吧，他真病了。

小李：谁病了？我没病。

阿里：那你怎么没去火车站呀（ya，疑問文のあとに用い、軽い疑問語気を表す）？

小李：怎么没去呀？今天早上四点我就起床了，到火车站的时候才四点半。等了你们半天，你们也不来，我就回来了。我又累又困（kùn, 眠い），就睡了。

小王：我们的票是十点五十的，你那么早去做什么？

小李：什么？十点五十？阿里电话里说四点五十。

小王：我知道了，阿里说"十"和"四"差不多（chàbuduō, ほとんど同じである）。

小李：啊！我听错（cuò, 間違う）了。

阿里：真对不起，我发音不好，让你白跑一趟（bái pǎo yí tàng, 無駄足を踏む）。

小李：没什么，我们都白跑了一趟。

二 语法　文法

几种表示比较的方法　幾つかの比較を表す方法

1. 用副词"更""最"表示比较　副詞「更」「最」を用いて比較する

① 他汉语说得很好，他哥哥说得更好。

② 这次考试他的成绩最好。

2. 用"有"表示比较　「有」を用いて比較する

① 你弟弟有你这么高吗？

② 这种苹果没有那种好吃。

③ 我没有他唱得好。/我唱得没有他好。/我唱歌唱得没有他好。

3. 用"跟……一样"表示比较　「跟……一様」を用いて比較する

> ① 今天的天气跟昨天一样。
> ② 我买的毛衣跟你的一样贵。

以上三种方法都能表示异同或差别，但不能表示具体的差别。
　以上の三つの方法は異同あるいは差があることを表すことができる。しかし、具体的な差を表すことができない。

4. 用"比"表示比较　「比」を用いて比較する

> ① 今天比昨天热。
> ② 我的自行车比他的新一点儿。
> ③ 他买的词典比我买的便宜两块钱。
> ④ 他打篮球比我打得好得多。/他打篮球打得比我好得多。

用"比"来进行比较，不仅能指出有差别，而且还能表示出有多大差别。
　「比」を用いて比較すると、差があることを説明できるだけではなく、どのくらいの差があるかも説明できる。

三　练习　練習

1. 按照实际情况回答问题　事実に基づいて次の問題に答えなさい

　（1）你有什么爱好？你最喜欢做什么？
　（2）你学过什么外语？你觉得难不难？
　（3）你在中国旅行过吗？除了普通话以外，哪儿的话容易懂？哪儿的话不容易懂？
　（4）你们国家的天气跟中国一样不一样？你习惯不习惯？
　（5）一年中你喜欢春天、夏天，还是喜欢秋天、冬天？为什么？

2. 会话　会話の練習をしなさい

（1）祝贺、祝愿（生日、结婚、节日、毕业）　祝う・祈る（誕生日、結婚、祭日、卒業）

> 祝你……好（愉快、幸福）！　　　谢谢！
> 祝贺你（了）！　　　　　　　　　谢谢你！
> 我们给你祝贺生日来了！　　　　　谢谢大家！
> 祝你学习（工作）顺利！　　　　　多谢朋友们！

（2）劝告（别喝酒、别急、别不好意思）
　　　忠告（お酒を飲まないで、焦らないで、恥ずかしがらないで）

> 你开车，别喝酒。　　　　别急，你的病会好的。
> 他刚睡，别说话。　　　　学汉语要多说，别不好意思。

（3）爱好（运动、音乐、美术……）　趣味（スポーツ、音楽、美術……）

> 你喜欢什么？
> 你喜欢做什么？
> 你最喜欢什么？

3. 完成对话　次の会話文を完成しなさい

A：你学了多长时间汉语了？

B：_____。

A：你觉得听和说哪个难？

B：_____。

A：写呢？

B：_____。

A：现在你能看懂中文报吗？

B：_____。

4. **语音练习　発音練習**

（1）声调练习：第三声+第四声　声調練習：第3声＋第4声

kǒushì　（口试）

wǒ qù kǒushì　（我去口试）

wǔ hào wǒ qù kǒushì　（五号我去口试）

（2）朗读会话　次の会話文を読みなさい

A: Nǐ zhīdào ma? Shànghǎi huà li bù shuō "wǒmen", shuō "ālā".

B: Ò, yǒu yìsi, hé pǔtōnghuà zhēn bù yíyàng.

A: Hěn duō fāngyán wǒ yě tīng bu dǒng.

B: Suǒyǐ dōu yào xué pǔtōnghuà, shì ba?

A: Nǐ shuō de hěn duì.

四　阅读短文　次の短い文章を読みなさい

小张吃了晚饭回到宿舍，刚要打开电视机，就听见楼下有人叫他。他打开窗户往下看，是小刘。

小刘给他一张电影票，让他星期天八点一起去看电影。说好在电影院门口见面。

星期天到了。小张先去看了一位朋友，下午去商店买了一些东西。七点四十到电影院。他没看见小刘，就在门口等。

差五分八点，电影就要开始了，可是小刘还没来。小张想，小刘可能有事不来了，就一个人进电影院去了。电影院的人对小张说："八点没有电影，是不是你弄错（nòng cuò, 間違う）了？"小张一看电影票，那上面写的是上午八点。小张想，我太马虎了，要是看看票，或者（huòzhě, あるいは）问问小刘就好了。

lǚyóu
旅游（1）
旅行

31 那儿的风景美极了

あそこの景色は本当にすばらしいです

一 句子 基本文

221
中国的名胜古迹多得很。
Zhōngguó de míngshèng gǔjì duō de hěn.
中国の名所旧跡はとても多いです。

222
你说吧，我听你的。①
Nǐ shuō ba, wǒ tīng nǐ de.
言ってください。あなたの言うとおりにします。

223
从北京到桂林坐火车要坐多长时间？
Cóng Běijīng dào Guìlín zuò huǒchē yào zuò duō cháng shíjiān?
北京から桂林まで汽車でどのくらい時間がかかりますか。

224
七点有电影，现在去来得及来不及？
Qī diǎn yǒu diànyǐng, xiànzài qù lái de jí lái bu jí?
7時に映画が始まりますが、今から行って間に合いますか。

225
我们看电影去。私たちは映画を見に行きます。
Wǒmen kàn diànyǐng qu.

31 那儿的风景美极了 　あそこの景色は本当にすばらしいです

226 上海的东西比这儿多得多。
Shànghǎi de dōngxi bǐ zhèr duō de duō.
上海はここよりずっと品物が多いです。

227 我想买些礼物寄回家去。
Wǒ xiǎng mǎi xiē lǐwù jì huí jiā qu.
少しおみやげを買って家に送りたいのです。

228 你不是要去豫园游览吗？
Nǐ bú shì yào qù Yù Yuán yóulǎn ma?
豫園を見に行きたいんじゃないですか。

二 会话 会話

1

大卫 Dàwèi： 快放假了，你想不想去旅行？
Kuài fàng jià le, nǐ xiǎng bu xiǎng qù lǚxíng?

玛丽 Mǎlì： 当然想。
Dāngrán xiǎng.

大卫 Dàwèi： 中国的名胜古迹多得很，去哪儿呢？
Zhōngguó de míngshèng gǔjì duō de hěn, qù nǎr ne?

玛丽 Mǎlì： 你说吧，我听你的。
Nǐ shuō ba, wǒ tīng nǐ de.

大卫 Dàwèi： 先去桂林吧，那儿的风景美极了！
Xiān qù Guìlín ba, nàr de fēngjǐng měi jí le!

玛丽：从北京到桂林坐火车要坐多长时间？
Mǎlì: Cóng Běijīng dào Guìlín zuò huǒchē yào zuò duō cháng shíjiān?

大卫：坐高铁大概得十多个小时。我们在桂林
Dàwèi: Zuò gāotiě dàgài děi shí duō ge xiǎoshí. Wǒmen zài Guìlín
玩儿三四天，然后去上海。
wánr sān sì tiān, ránhòu qù Shànghǎi.

玛丽：这个计划不错，就这么办吧。七点有
Mǎlì: Zhè ge jìhuà búcuò, jiù zhème bàn ba. Qī diǎn yǒu
电影，现在去来得及来不及？
diànyǐng, xiànzài qù lái de jí lái bu jí?

大卫：来得及。
Dàwèi: Lái de jí.

玛丽：我们看电影去吧。
Mǎlì: Wǒmen kàn diànyǐng qu ba.

大卫：走吧。
Dàwèi: Zǒu ba.

2

和子：上海是中国最大的城市。
Hézǐ: Shànghǎi shì Zhōngguó zuì dà de chéngshì.

王兰：对，上海的东西比这儿多得多。
Wáng Lán: Duì, Shànghǎi de dōngxi bǐ zhèr duō de duō.

和子：去上海的时候，我想买些礼物寄回家
Hézǐ: Qù Shànghǎi de shíhou, wǒ xiǎng mǎi xiē lǐwù jì huí jiā
去。你觉得上海哪儿最热闹？
qu. Nǐ juéde Shànghǎi nǎr zuì rènao?

王兰：南京路。那儿有各种各样的商店，买
Wáng Lán: Nánjīng Lù. Nàr yǒu gè zhǒng gè yàng de shāngdiàn, mǎi

31 那儿的风景美极了　あそこの景色は本当にすばらしいです

　　　东西非常方便。
　　　dōngxi fēicháng fāngbiàn.

和子：听说上海的小吃也很有名。
Hézǐ: Tīngshuō Shànghǎi de xiǎochī yě hěn yǒumíng.

王兰：你不是要去豫园游览吗？顺便可以尝尝
Wáng Lán: Nǐ bú shì yào qù Yù Yuán yóulǎn ma? Shùnbiàn kěyǐ chángchang

　　　那儿的小吃。对了②，你还可以去参观
　　　nàr de xiǎochī. Duì le, nǐ hái kěyǐ qù cānguān

　　　一下儿浦东开发区。
　　　yíxiàr Pǔdōng Kāifāqū.

注释　注釈

❶ 你说吧，我听你的。　言ってください。あなたの言うとおりにします。
　这句话的意思是"你说你的意见吧，我按你说的去做"。当无条件地同意对方的意见时，就可以这样说。
　「你说你的意见吧，我按你说的去做」という意味である。無条件に相手の意見にしたがう時に使う。

❷ 对了　そうだ
　在口语中，当说话人忽然想起应该做某事或要补充说明某事时，就说"对了"。
　日常会話で、話す人が突然しなければならないことを思い出したり、補足として説明したりする時に使う。

三　替换与扩展　置き換えと広げる

　替换　置き換え

(1) 我们看电影去。　▶▶◀◀

开会	参观博物馆
逛商场	看京剧
吃小吃	办信用卡

旅行　105

(2) 坐火车要坐多长时间？

| 坐船 | 坐飞机 |
| 骑车 | 坐动车 |

(3) 我想买些礼物 寄回家去。

菜	送
药	寄
水果	带
小吃	拿

扩展　広げる

A：我的圆珠笔找不到了。
　　Wǒ de yuánzhūbǐ zhǎo bu dào le.

B：那不是你的圆珠笔吗？
　　Nà bú shì nǐ de yuánzhūbǐ ma?

A：啊，找到了。
　　À, zhǎo dào le.

四　生词　新出単語

1	名胜古迹	míngshèng gǔjì		名所旧跡
2	来得及	lái de jí		間に合う
3	来不及	lái bu jí		間に合わない
4	游览	yóulǎn	动	観光する，見物する
5	风景	fēngjǐng	名	景色
6	高铁	gāotiě	名	高鉄

31 那儿的风景美极了　あそこの景色は本当にすばらしいです

7	然后	ránhòu	连	それから，その後
8	计划	jìhuà	名/动	企画；企画を立てる
9	办	bàn	动	する，やる
10	城市	chéngshì	名	都市
11	热闹	rènao	形	賑やかである
12	各	gè	代	それぞれ
13	非常	fēicháng	副	非常に
14	小吃	xiǎochī	名	軽食，おやつ
15	有名	yǒumíng	形	有名である
16	顺便	shùnbiàn	副	ついでに
17	开发	kāifā	动	開発，開発する
18	区	qū	名	区
19	博物馆	bówùguǎn	名	博物館
20	信用卡	xìnyòngkǎ	名	クレジットカード
21	动车	dòngchē	名	動車
22	水果	shuǐguǒ	名	果物
23	圆珠笔	yuánzhūbǐ	名	ボールペン

专名　固有名詞

1	桂林	Guìlín	桂林
2	豫园	Yù Yuán	豫園
3	南京路	Nánjīng Lù	南京路
4	浦东	Pǔdōng	浦東

五 语法 文法

1. 趋向补语（3） 方向補語（3）

（1）动词"上""下""进""出""回""过""起"等后面加上"来"或"去"（没有"起去"），可作其他动词的补语，表示动作的方向。这种趋向补语叫复合趋向补语。例如：
動詞「上」、「下」、「進」、「出」、「回」、「過」等の後に「来」か「去」を加え（「起去」はない）、ほかの動詞の補語として、動作の方向を表すことができる。この種の方向補語は複合方向補語と呼ばれる。例えば、

> ① 他从教室走出来了。
> ② 他想买些东西寄回去。
> ③ 看见老师进来，同学们都站了起来。

（2）复合趋向补语中的"来""去"所表示的方向与说话人（或所谈论的事物）之间的关系与简单趋向补语相同，表示处所的宾语的位置也与简单趋向补语相同。例如：
複合方向補語の中の「来」、「去」が表す方向と話し手（あるいは話題になる物事）との方向関係も、場所を表す目的語の位置も、簡単方向補語と同じである。例えば、

> ④ 上课了，老师走进教室来了。
> ⑤ 那些书都寄回国去了。

2. 用"不是……吗"的反问句　「不是……吗」を用いる反語文

"不是……吗"构成的反问句用来表示肯定，并有强调的意思。例如：
「不是……吗」は反語文を作り、肯定を強調する働きをする。例えば、

> ① 你不是要去旅行吗？（你要去旅行）
> ② 这个房间不是很干净吗？（这个房间很干净）

31 那儿的风景美极了　あそこの景色は本当にすばらしいです

六 练习 練習

1. 选择适当的动词组成动宾结构并造句
　　適切な動詞を選んで、動詞・目的語構造を作り、文を作りなさい

例 例えば　字　　　A. 写　　B. 画　➡ 那个孩子正在写字。

（1）名胜古迹　A. 游览　B. 旅行 ➡ ＿＿＿＿＿＿＿＿＿＿＿＿＿＿＿＿

（2）风景　　　A. 参观　B. 看　 ➡ ＿＿＿＿＿＿＿＿＿＿＿＿＿＿＿＿

（3）信用卡　　A. 做　　B. 办　 ➡ ＿＿＿＿＿＿＿＿＿＿＿＿＿＿＿＿

（4）能力　　　A. 提高　B. 练好 ➡ ＿＿＿＿＿＿＿＿＿＿＿＿＿＿＿＿

（5）电影　　　A. 演　　B. 开　 ➡ ＿＿＿＿＿＿＿＿＿＿＿＿＿＿＿＿

（6）自行车　　A. 坐　　B. 骑　 ➡ ＿＿＿＿＿＿＿＿＿＿＿＿＿＿＿＿

2. 根据图片，用动词及趋向补语完成句子
　　図に基づいて、動詞とその方向補語を使って次の文を完成しなさい

（1）注意，前边＿＿＿＿＿＿＿＿　　（2）楼下有人找你，你快
　　　一辆汽车。（开）　　　　　　　　＿＿＿＿＿＿＿＿吧。（下）

（3）下课了，我们的老师　　　　　了。（走）

（4）山上的风景很好，你们快　　　　　吧。（爬）

3. 仿照例子，把下面的句子改成疑问句

例文にならって、次の文を疑問文に書き直しなさい

例 例えば　昨天我们跳舞跳了两个小时。

→ 昨天你们跳舞跳了几个小时？

昨天你们跳舞跳了多长时间？

（1）我来北京的时候，坐飞机坐了十二个小时。

→ 　　　　　　　　　　　　　　　

（2）昨天我爬山爬了三个小时。　→　　　　　　　　

（3）今天早上我吃饭吃了一刻钟。　→　　　　　　　

（4）从这儿到北海，骑车要骑一个多小时。

→ 　　　　　　　　　　　　　　　

（5）昨天我们划船划了两个小时。　→　　　　　　　

4. 说话　话してみよう

介绍一处你游览过的名胜古迹。
あなたが見物した名所旧跡を紹介しなさい。

31 那儿的风景美极了　あそこの景色は本当にすばらしいです

提示　风景怎么样？有什么有名的东西？你最喜欢什么？游览了多长时间？
ヒント　景色はどうでしたか。どんな有名なものがありましたか。一番好きなのは何ですか。見物にはどれくらい時間がかかりましたか。

5. 听后复述　聞いてから述べる

　　我喜欢旅行。旅行可以游览名胜古迹，旅行还是一种学习汉语的好方法（fāngfǎ，方法）。在学校，我习惯听老师说话，换一个人就不习惯了。可是旅行的时候要跟各种各样的人说话，要问路，要参观，要买东西……这是学习汉语的好机会（jīhui，機会）。放假的时候我就去旅行，提高我的听说能力。

6. 语音练习　発音練習

(1) 常用音节练习　常用音節練習

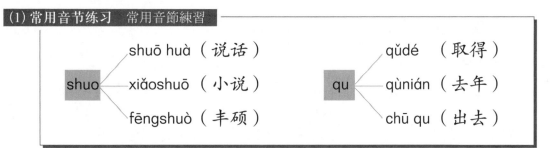

(2) 朗读会话　次の会話文を読みなさい

A: Fàng jià yǐhòu nǐ jìhuà zuò shénme?

B: Wǒ xiǎng qù lǚxíng.

A: Nǐ qù nǎr?

B: Qù Dōngběi.

A: Xiànzài Dōngběi duō lěng a!

B: Lěng hǎo a, kěyǐ kàn bīngdēng（氷提灯）.

lǚyóu
旅游（2）
旅行

32 买到票了没有
切符を買いましたか

一 句子 基本文

229
你看见和子了吗？　　和子さんを見ましたか。
Nǐ kàn jiàn Hézǐ le ma?

230
你进大厅去找她吧。
Nǐ jìn dàtīng qu zhǎo tā ba.
ホールで彼女を探してください。

231
三天以内的机票都没有了。
Sān tiān yǐnèi de jīpiào dōu méi yǒu le.
今から三日以内の航空券は全部売り切れました。

232
您应该早点儿预订飞机票。
Nín yīnggāi zǎo diǎnr yùdìng fēijī piào.
お早めに航空券を予約なされたほうがよかったですね。

233
我有急事，您帮帮忙吧！
Wǒ yǒu jí shì, nín bāngbang máng ba!
急用があるので、なんとかお願いします。

234
有一张十五号晚上八点的退票。
Yǒu yì zhāng shíwǔ hào wǎnshang bā diǎn de tuì piào.
キャンセルになった十五日夜8時出発の航空券が一枚あります。

32 买到票了没有 | 切符を買いましたか

235 机票上写着十四点零五分起飞。
Jīpiào shang xiě zhe shísì diǎn líng wǔ fēn qǐfēi.
航空券には午後2時5分離陸と書いてあります。

236 小姐，你的钱包忘在这儿了。
Xiǎojiě, nǐ de qiánbāo wàng zài zhèr le.
お嬢さん、ここに財布を忘れていますよ。

二 会话 会話

1

刘京：你看见和子了吗？
Liú Jīng: Nǐ kàn jiàn Hézǐ le ma?

玛丽：没看见。你进大厅去找她吧。
Mǎlì: Méi kàn jiàn. Nǐ jìn dàtīng qu zhǎo tā ba.

2

刘京：和子，买到票了没有？
Liú Jīng: Hézǐ, mǎi dào piào le méiyǒu?

和子：还没有呢。
Hézǐ: Hái méiyǒu ne.

刘京：快到南边六号窗口去买。
Liú Jīng: Kuài dào nánbian liù hào chuāngkǒu qù mǎi.

……

和子：买两张去广州的直达车票。
Hézǐ: Mǎi liǎng zhāng qù Guǎngzhōu de zhídáchē piào.

售票员：要哪天的？
Shòupiàoyuán: Yào nǎ tiān de?

和子：明天的有没有？
Hézǐ: Míngtiān de yǒu méi yǒu?

售票员：卖完了。有后天的，要不要？
Shòupiàoyuán: Mài wán le. Yǒu hòutiān de, yào bu yào?

和子：要。我想早上到，买哪次好？
Hézǐ: Yào. Wǒ xiǎng zǎoshang dào, mǎi nǎ cì hǎo?

售票员：买 Z35 次吧。要硬卧
Shòupiàoyuán: Mǎi Z sānshíwǔ cì ba. Yào yìngwò

还是软卧？
háishi ruǎnwò?

和子：硬卧。
Hézǐ: Yìngwò.

3

尼娜：到北京的飞机票有吗？
Nínà: Dào Běijīng de fēijī piào yǒu ma?

售票员：三天以内的都没有了。你应该早
Shòupiàoyuán: Sān tiān yǐnèi de dōu méi yǒu le. Nǐ yīnggāi zǎo

点儿预订。
diǎnr yùdìng.

尼娜：我有急事，帮帮忙吧！
Nínà: Wǒ yǒu jí shì, bāngbang máng ba!

售票员：你等等，我再查查。真巧，有一张
Shòupiàoyuán: Nǐ děngdeng, wǒ zài chácha. Zhēn qiǎo, yǒu yì zhāng

十五号晚上八点的退票。
shíwǔ hào wǎnshang bā diǎn de tuì piào.

32 买到票了没有 切符を買いましたか

尼娜： 我 要 了。 这 是 我 的 护 照。 请 问， 从
Nínà: Wǒ yào le. Zhè shì wǒ de hùzhào. Qǐngwèn, cóng

这 儿 到 北 京 要 多 长 时 间？
zhèr dào Běijīng yào duō cháng shíjiān?

售票员： 一个多小时。
Shòupiàoyuán: Yí ge duō xiǎoshí.

尼娜： 几点起飞？
Nínà: Jǐ diǎn qǐfēi?

售票员： 你看，机票上写着十四点零五分起飞。
Shòupiàoyuán: Nǐ kàn, jīpiào shang xiě zhe shísì diǎn líng wǔ fēn qǐfēi.

……

售票员： 小姐，你的钱包忘在这儿了。
Shòupiàoyuán: Xiǎojiě, nǐ de qiánbāo wàng zài zhèr le.

尼娜： 太谢谢你了！
Nínà: Tài xièxie nǐ le!

三 替换与扩展　置き換えと広げる

● 替换　置き換え

(1) 你买到票了没有？　>><<

| 找到 | 钱包 | 看到 | 广告 |
| 检查完 | 身体 | 办好 | 签证 |

旅行 115

汉语会话 301句 下册

(2) 你的钱包 忘在这儿了。

他	行李	放
她	衣服	挂
王先生	汽车	停

(3) 你进 大厅 去找她吧。

| 进 图书馆 | 回 宿舍 |
| 到 她家 | 进 礼堂 |

扩展　広げる

(1) A：我的汉语书忘在宿舍里了，怎么办？
　　　Wǒ de Hànyǔ shū wàng zài sùshè li le, zěnme bàn?

　　B：现在马上回宿舍去拿，来得及。
　　　Xiànzài mǎshàng huí sùshè qu ná, lái de jí.

(2) 大家讨论一下儿，哪个办法好。
　　Dàjiā tǎolùn yíxiàr, nǎ ge bànfǎ hǎo.

四　生词　新出単語

1	大厅	dàtīng	名	ホール
2	以内	yǐnèi	名	以内
3	预订	yùdìng	动	予約する，注文する
4	帮忙	bāng máng		手伝う，助ける
5	退	tuì	动	返す，バックする，キャンセルする
6	着	zhe	助	……てある
7	钱包	qiánbāo	名	財布

32 买到票了没有 切符を買いましたか

8	窗口	chuāngkǒu	名	窓口
9	直达车	zhídáchē	名	直行列車
10	卖	mài	动	売る
11	硬卧	yìngwò	名	普通寝台車
12	软卧	ruǎnwò	名	一等寝台車
13	护照	hùzhào	名	パスポート
14	广告	guǎnggào	名	広告
15	检查	jiǎnchá	动	検査する
16	签证	qiānzhèng	名	ビザ
17	行李	xíngli	名	荷物
18	挂	guà	动	掛ける
19	停	tíng	动	止める，止まる
20	图书馆	túshūguǎn	名	図書館
21	礼堂	lǐtáng	名	ホール，講堂
22	讨论	tǎolùn	动	論議する
23	办法	bànfǎ	名	方法，やり方

五 语法 文法

1. "见"作结果补语　結果補語としての「见」

　　"见"常在"看"或"听"之后作结果补语。"看见"的意思是"看到"，"听见"的意思是"听到"。

　　「见」はよく「看」、「听」の後に付き、結果補語として使われる。「看见」は「看到」という意味で、「听见」は「听到」という意味である。

2. 动作的持续　動作の持続

（1）动态助词"着"加在动词后边，表示动作、状态的持续。否定形式是"没（有）……着"。例如：

動態助詞「着」は動詞の後に付き、動作・状態の持続を表す。否定形は「没（有）……着」で表す。例えば、

① 窗户开着，门没开着。　② 衣柜里挂着很多衣服。
③ 书上边没写着你的名字。　④ 他没拿着东西。

（2）它的正反疑问句形式用"……着……没有"表示。例如：
反復疑問文は「……着……没有」で表す。例えば、

⑤ 门开着没有？　　⑥ 你带着护照没有？

六　练习　練習

1. 根据情况，用趋向补语和下边的词语造句
次の状況に基づいて、方向補語と下の単語を使って文を作りなさい

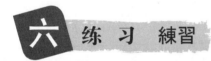 进　候机室（说话人在外边）➡ 刚才他进候机室去了。

（1）上　山（说话人在山下）　➡ _____
（2）进　教室（说话人在教室）➡ _____
（3）进　公园（说话人在公园外）➡ _____
（4）下　楼（说话人在楼下）　➡ _____
（5）回　家（说话人在外边）　➡ _____

2. 用动词加"着"填空　動詞と「着」を使って空白を埋めなさい

（1）衣服在衣柜里 _____ 呢。
（2）你找钱包？不是在你手里 _____ 吗？

（3）我的自行车钥匙在桌子上_____，你去拿吧。

（4）九号楼前边_____很多自行车。

（5）我的书上_____我的名字呢，能找到。

（6）参观的时候你_____他去，他不认识那儿。

3. 看图说话（用上动词加"着"）
   図を見ながら話しなさい（「動詞+着」を使うこと）

4. 用"从……到……"回答问题　「从……到……」を使って次の問題に答えなさい

   （1）每星期你什么时候上课？

   （2）你每天从几点到几点上课？

   （3）从你们国家到北京远不远？

5. 完成对话　次の会話文を完成しなさい

   A：可以预订火车票吗？

   B：_____。您去哪儿？

   A：_____。

   B：_____？

A：我要一张四月十号的直达车票。

B：_____？

A：要软卧。

6. 根据下面的火车时刻表买票
下記の列車の時刻表に基づいて切符を買う練習をしなさい

车次/类型	发站/到站	发/到时间	运行时间
Z19 直达特快	始 北京西 终 西安	20:41 08:15	11小时34分
Z43 直达特快	始 北京西 终 西安	19:58 08:33	12小时35分
T231 空调特快	始 北京西 终 西安	18:50 07:42	12小时52分
Z75 直达特快	始 北京西 西安	16:03 03:29	11小时26分
Z151 直达特快	始 北京西 西安	15:57 03:23	11小时26分
K1363 快速	始 北京西 西安	22:16 12:42	14小时26分
K629 快速	始 北京西 西安	18:22 11:05	16小时43分
T55 空调特快	北京西 西安	15:18 05:13	13小时55分
G87 高速动车	始 北京西 终 西安	14:00 18:25	4小时25分
G669 高速动车	始 北京西 终 西安	17:37 22:52	5小时15分

（1）买两张三天后晚上从北京出发（chūfā，出発）、早上到西安的火车硬卧车票。

三日後の夜北京出発、翌朝西安到着の普通寝台車の切符を二枚ください。

（2）买三张五天后下午从北京出发、晚上到西安的火车票。

五日後の午後北京出発で夜西安到着の列車の切符を三枚ください。

7. 听后复述　聞いてから述べる

张三和李四去火车站。进去以后，离开车只（zhǐ，ただ……だけ）有五分钟了。他们赶紧（gǎnjǐn，早く）快跑。张三跑得快，先上了火车。他看见李四还在车外边，急了，就要下车。服务员说："先生，不能下车，车就要开了，来不及了。"张三说："不行，要走的是他，我是来送他的。"

8. 语音练习　発音練習

(1) 常用音节练习　常用音節練習

(2) 朗读会话　次の会話文を読みなさい

A: Huǒchē shang yǒudiǎnr rè.

B: Kāi chē yǐhòu jiù liángkuai le.

A: Zhè xiē dōngxi fàng zài nǎr?

B: Fàng zài shàngbian de xínglijià（荷物棚）shang.

A: Zhēn gāo a!

B: Wǒ bāng nǐ fàng.

A: Máfan nǐ le.

B: Bú kèqi.

33 我们预订了两个房间

旅游（3） lǚyóu / 旅行

部屋を二つ予約しました

一 句子　基本文

237　终于到桂林了。　やっと桂林に着きました。
Zhōngyú dào Guìlín le.

238　哎呀，热死了！① やれやれ、本当に暑い。
Āiyā, rè sǐ le!

239　一定要痛痛快快地洗个澡。
Yídìng yào tòngtòngkuàikuài de xǐ ge zǎo.
ぜひとも、思う存分シャワーを浴びよう。

240　只要能让我早一点儿洗澡就行。
Zhǐyào néng ràng wǒ zǎo yìdiǎnr xǐ zǎo jiù xíng.
少し早くシャワーを浴びさせてくれれば、それでいい。

241　我们在网上预订了两个房间。
Wǒmen zài wǎng shang yùdìng le liǎng ge fángjiān.
私達はインターネットで部屋を二つ予約しました。

242　请输入密码。请在这里签名。
Qǐng shūrù mìmǎ. Qǐng zài zhèli qiān míng.
パスワードを入力してください。ここにサインしてください。

33 我们预订了两个房间 | 部屋を二つ予約しました

243 | 那个包你放进衣柜里去吧。
Nà ge bāo nǐ fàng jìn yīguì li qu ba.
そのかばんは洋服だんすの中に入れてください。

244 | 那个包很大，放得进去放不进去？
Nà ge bāo hěn dà, fàng de jin qu fàng bu jin qu?
そのかばんはけっこう大きいと思いますが、中に入りますか。

二 会话 会話

1（在火车站）

大卫： 终于到桂林了。
Dàwèi: Zhōngyú dào Guìlín le.

尼娜： 哎呀，热死了！
Nínà: Āiyā, rè sǐ le!

玛丽： 到了宾馆，一定要
Mǎlì: Dào le bīnguǎn, yídìng yào

痛痛快快地洗个澡。
tòngtòngkuàikuài de xǐ ge zǎo.

大卫： 我们预订的宾馆不远，
Dàwèi: Wǒmen yùdìng de bīnguǎn bù yuǎn,

怎么去好呢？
zěnme qù hǎo ne?

玛丽： 只要能让我早一点儿
Mǎlì: Zhǐyào néng ràng wǒ zǎo yìdiǎnr

洗澡就行。
xǐ zǎo jiù xíng.

尼娜：前边就有出租车，我们打车去吧。
Nínà: Qiánbian jiù yǒu chūzūchē, wǒmen dǎ chē qù ba.

2（在宾馆大厅）

服务员：您好！
Fúwùyuán: Nín hǎo!

大卫：你好！我们在网上预订了两个房间。
Dàwèi: Nǐ hǎo! Wǒmen zài wǎng shang yùdìng le liǎng ge fángjiān.

服务员：我看看你们的护照。
Fúwùyuán: Wǒ kànkan nǐmen de hùzhào.

你们要住三天，是吗？
Nǐmen yào zhù sān tiān, shì ma?

大卫：是的。
Dàwèi: Shì de.

服务员：好，请你们填一下儿表。
Fúwùyuán: Hǎo, qǐng nǐmen tián yíxiàr biǎo.

大卫：（填完表）给你。这是我的信用卡。
Dàwèi: (tián wán biǎo) Gěi nǐ. Zhè shì wǒ de xìnyòngkǎ.

服务员：请输入密码。请在这里签名。这是你们的房卡。房间在五楼。电梯在那边。
Fúwùyuán: Qǐng shūrù mìmǎ. Qǐng zài zhèli qiān míng. Zhè shì nǐmen de fángkǎ. Fángjiān zài wǔ lóu. Diàntī zài nàbian.

大卫：谢谢！
Dàwèi: Xièxie!

33 我们预订了两个房间 | 部屋を二つ予約しました

3（在房间里）

玛丽：这个房间不错，窗户很大。
Mǎlì: Zhè ge fángjiān búcuò, chuānghu hěn dà.

尼娜：我想洗澡。
Nínà: Wǒ xiǎng xǐ zǎo.

玛丽：先吃点儿东西吧。
Mǎlì: Xiān chī diǎnr dōngxi ba.

尼娜：我不饿，刚才吃了一块蛋糕。
Nínà: Wǒ bú è, gāngcái chī le yí kuài dàngāo.

玛丽：那个包你放进衣柜里去吧。
Mǎlì: Nà ge bāo nǐ fàng jìn yīguì li qu ba.

尼娜：包很大，放得进去放不进去？
Nínà: Bāo hěn dà, fàng de jin qu fàng bu jin qu?

玛丽：你试试。
Mǎlì: Nǐ shìshi.

尼娜：放得进去。我的红衬衫怎么
Nínà: Fàng de jin qu. Wǒ de hóng chènshān zěnme

不见了？
bú jiàn le?

玛丽：不是放在椅子上吗？
Mǎlì: Bú shì fàng zài yǐzi shang ma?

尼娜：啊，刚放的就忘了。
Nínà: À, gāng fàng de jiù wàng le.

注释　注釈

❶ **热死了!** 本当に暑い。
"死"作补语，表示程度高，即"达到极点"的意思。
「死」は補語で、程度が極度に高いことを表し、「極限に達する」意味である。

旅行

三 替换与扩展　置き換えと広げる

替换　置き換え

(1) 热死了！　>><<　麻烦　忙　饿　渴　高兴　难

(2) 到了宾馆，一定要痛痛快快地洗个澡。　>><<
考完试	好	睡一觉
刚吃饱	慢	走回去
放了假	快乐	去旅行
回到家	热闹	喝一次酒

(3) 那个包你放进衣柜里去吧。　>><<
条	裙子	箱子
条	裤子	包
件	毛衣	衣柜
瓶	啤酒	冰箱

扩展　広げる

(1) 餐厅在大门的旁边。
　　Cāntīng zài dàmén de pángbiān.

(2) A: 你洗个澡吧。
　　　Nǐ xǐ ge zǎo ba.

　　B: 不，我快饿死了，先吃点儿东西再说。
　　　Bù, wǒ kuài è sǐ le, xiān chī diǎnr dōngxi zàishuō.

33 我们预订了两个房间 部屋を二つ予約しました

四 生词 新出単語

1	终于	zhōngyú	副	とうとう，ついに，やっと
2	死	sǐ	动/形	死ぬ；ひどく……
3	痛快	tòngkuai	形	思う存分，思いきり
4	地	de	助	連用修飾語であることを示す
5	洗澡	xǐ zǎo		入浴する，シャワーを浴びる
6	只要……就……	zhǐyào……jiù……		(……で) ありさえすれば、……
7	输入	shūrù	动	入力する
8	密码	mìmǎ	名	暗号，パスワード
9	签名	qiān míng		サインする
10	包	bāo	名	かばん
11	填表	tián biǎo		表を書き込む
12	房卡	fángkǎ	名	ルームカード
13	饿	è	形	お腹が空いている
14	衬衫	chènshān	名	シャツ
15	椅子	yǐzi	名	椅子
16	渴	kě	形	のどがかわく
17	裙子	qúnzi	名	スカート
18	箱子	xiāngzi	名	はこ，トランク
19	裤子	kùzi	名	ズボン
20	餐厅	cāntīng	名	レストラン

旅行

五 语法 文法

1. 形容词重叠与结构助词"地"　形容詞の重ね型と構造助詞「地」

（1）一部分形容词可以重叠，重叠后表示性质程度的加深。单音节形容词重叠后第二个音节可变为第一声，并可儿化，例如：好好儿、慢慢儿；双音节形容词的重叠形式为"AABB"，例如：高高兴兴、干干净净。

一部の形容詞は重ねて使うことができる。重ねることで、性質や程度を強調する。単音節の形容詞は重ねると、第2の音節の声調が第1声に変わり、さらに巻舌音化することもできる。例えば「好好儿」、「慢慢儿」などである。二音節の形容詞は重ねると「AABB」式になる。例えば「高高兴兴」、「干干净净」などである。

（2）单音节形容词重叠后作状语用不用"地"都可以，双音节形容词重叠作状语一般要用"地"。例如：

単音節の形容詞は重ねてから連用修飾語として使う時にはその後に「地」をつけても、つけなくてもよい。二音節の形容詞の重ね型を連用修飾語として使う場合には、常に「地」を用いる。例えば、

① 你们慢慢（地）走啊！
② 他高高兴兴地说："我收到了朋友的来信。"
③ 玛丽舒舒服服地躺在床上睡了。

2. 可能补语（2）　可能補語（2）

（1）动词和趋向补语之间加上"得"或"不"，就构成了可能补语。例如：

動詞とその方向補語の間に「得」あるいは「不」を加えると、可能補語が作られる。例えば、

① 他们去公园了，十二点以前回得来。
② 山很高，我爬不上去。

（2）正反疑问句的构成方式是并列可能补语的肯定形式和否定形式。例如：

反復疑問文は可能補語の肯定形と否定形を重ねて作られる。例えば、

33 我们预订了两个房间　部屋を二つ予約しました

③ 你们十二点以前回得来回不来？

④ 你们听得懂听不懂中国人说话？

六　练习　練習

1. 用适当的量词填空　適切な助数詞で空白を埋めなさい

一＿＿＿衬衫　　　两＿＿＿裤子　　　一＿＿＿裙子

一＿＿＿桌子　　　三＿＿＿马路　　　一＿＿＿衣柜

四＿＿＿小说　　　两＿＿＿票　　　　一＿＿＿自行车

三＿＿＿圆珠笔　　一＿＿＿小狗　　　三＿＿＿客人

2. 把下面的句子改成正反疑问句　次の文を反復疑問文に書き直しなさい

例 例えば　今天晚上六点你回得来吗？

　　　→ 今天晚上六点你回得来回不来？

（1）那个门很小，汽车开得进去吗？

　　→ ＿＿＿＿＿＿＿＿＿＿＿＿＿＿＿＿＿＿＿＿

（2）这个包里再放两件衣服，放得进去吗？

　　→ ＿＿＿＿＿＿＿＿＿＿＿＿＿＿＿＿＿＿＿＿

（3）这么多药水你喝得下去吗？

　　→ ＿＿＿＿＿＿＿＿＿＿＿＿＿＿＿＿＿＿＿＿

（4）箱子放在衣柜上边，你拿得下来吗？

　　→ ＿＿＿＿＿＿＿＿＿＿＿＿＿＿＿＿＿＿＿＿

3. 用"只要……就……"回答问题
　　「只要……就……」を使って次の問題に答えなさい

　　例 例えば　A：明天你去公园吗？
　　　　　　　B：只要天气好，我就去。

　（1）A：中国人说话，你听得懂吗？
　　　　B：_____

　（2）A：你去旅行吗？
　　　　B：_____

　（3）A：明天你去看杂技吗？
　　　　B：_____

　（4）A：你想买什么样的衬衫？
　　　　B：_____

4. 完成对话　次の会話文を完成しなさい

　A：请问，一个房间_____？
　B：一天二百五十八。
　A：_____？
　B：有两张床。
　A：_____？
　B：很方便，一天二十四小时都有热水。
　A：房间里能上网吗？
　B：_____。
　A：好，我要一个房间。

5. 会话　会話の練習をしなさい
　　在饭店看房间，服务员说这个房间很好，你觉得太贵了，想换一个。

33 我们预订了两个房间　部屋を二つ予約しました

ホテルで部屋を見せてもらいます。ホテルの従業員がその部屋はとてもよいと言っていますが、あなたは高すぎるから、変えてもらいたいと思います。その時の会話。

提示　房间大小，有什么东西，能不能洗澡，是不是干净，一天多少钱，住几个人。
ヒント　部屋の大きさ。部屋に何があるか。お風呂がついているか。きれいか否か。一日の部屋代はいくらであるか。何人部屋であるか。

6. 听后复述　聞いてから述べる

　　这个饭店不错。房间不太大，可是很干净。二十四小时都能洗热水澡，很方便。房间里可以上网。饭店的楼上有咖啡厅和歌厅（gētīng，カラオケボックス）。客人们白天（báitiān，昼間）在外边参观游览了一天，晚上喝杯咖啡，唱唱歌，可以好好儿地休息休息。

7. 语音练习　発音練習

(1) 常用音节练习　常用音節練習

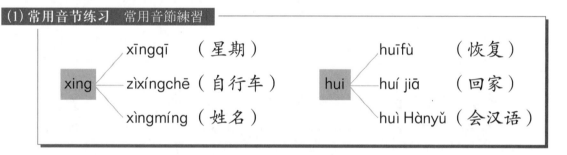

(2) 朗读会话　次の会話文を読みなさい

A: Nǐ hǎo! Wǒ yùdìng le yí ge fángjiān.
B: Nín guìxìng?
A: Wǒ xìng Wáng, Wáng Lán.
B: Duìbuqǐ, nín lái de tài zǎo le, fúwùyuán hái méiyǒu shōushi fángjiān ne.
A: Méi guānxi, wǒ děng yìhuǐr. Jǐ diǎn kěyǐ zhù?
B: Bā diǎn.

34 我头疼
私は頭が痛い

一 句子 基本文

245 你怎么了？ どうしたんですか。
Nǐ zěnme le?

246 我头疼，咳嗽。頭が痛いし、せきが出ます。
Wǒ tóu téng, késou.

247 我昨天晚上就开始不舒服了。
Wǒ zuótiān wǎnshang jiù kāishǐ bù shūfu le.
昨日の晩から具合が悪くなりました。

248 你把嘴张开，我看看。
Nǐ bǎ zuǐ zhāng kāi, wǒ kànkan.
口を開けて見せてください。

249 吃两天药就会好的。
Chī liǎng tiān yào jiù huì hǎo de.
二三日薬を飲めばよくなります。

250 王兰呢？① 王兰さんは？
Wáng Lán ne?

34 我头疼 私は頭が痛い

251 | 我一下课就找她。
Wǒ yí xià kè jiù zhǎo tā.
授業が終わるとすぐ彼女を探しに行きます。

252 | 我找了她两次，她都不在。
Wǒ zhǎo le tā liǎng cì, tā dōu bú zài.
彼女を2度も探しましたが、いつもいませんでした。

二 会话 会話

1

大夫：你怎么了？
Dàifu: Nǐ zěnme le?

玛丽：我头疼，咳嗽。
Mǎlì: Wǒ tóu téng, késou.

大夫：几天了？
Dàifu: Jǐ tiān le?

玛丽：昨天上午还好好儿的，
Mǎlì: Zuótiān shàngwǔ hái hǎohāor de,

　　　晚上就开始不舒服了。
　　　wǎnshang jiù kāishǐ bù shūfu le.

大夫：你吃药了吗？
Dàifu: Nǐ chī yào le ma?

玛丽：吃了一次。
Mǎlì: Chī le yí cì.

大夫：你把嘴张开，我看看。嗓子有点儿红。
Dàifu: Nǐ bǎ zuǐ zhāng kāi, wǒ kànkan. Sǎngzi yǒudiǎnr hóng.

玛丽：有问题吗？
Mǎlì: Yǒu wèntí ma?

大夫：没什么。你量一下儿体温吧。
Dàifu: Méi shénme. Nǐ liáng yíxiàr tǐwēn ba.

玛丽：发烧吗？
Mǎlì: Fā shāo ma?

大夫：三十七度六，你感冒了。
Dàifu: Sānshíqī dù liù, nǐ gǎnmào le.

玛丽：要打针吗？
Mǎlì: Yào dǎ zhēn ma?

大夫：不用，吃两天药就会好的。
Dàifu: Búyòng, chī liǎng tiān yào jiù huì hǎo de.

2

和子：王兰呢？我一下课就找她，找了她两次，她都不在。
Hézǐ: Wáng Lán ne? Wǒ yí xià kè jiù zhǎo tā, zhǎo le tā liǎng cì, tā dōu bú zài.

刘京：她住院了。
Liú Jīng: Tā zhù yuàn le.

和子：病了吗？
Hézǐ: Bìng le ma?

刘京：不是，她受伤了。
Liú Jīng: Bú shì, tā shòu shāng le.

和子：住哪个医院？
Hézǐ: Zhù nǎ ge yīyuàn?

刘京：可能是人民医院。
Liú Jīng: Kěnéng shì Rénmín Yīyuàn.

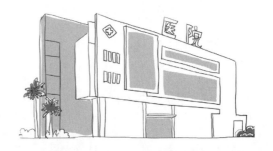

34 我头疼　私は頭が痛い

和子：现在情况怎么样？伤得重吗？
Hézǐ：Xiànzài qíngkuàng zěnmeyàng? Shāng de zhòng ma?

刘京：还不清楚，检查了才能知道。
Liú Jīng：Hái bù qīngchu, jiǎnchá le cái néng zhīdào.

> **注释　注釈**
>
> ❶ 王兰呢？　王兰さんは？
> "名/代+呢"一般表示询问某人或某物在什么地方。"王兰呢"的意思是"王兰在哪儿"。
> 「名/代+呢」は通常、人や物の場所を聞くものである。「王兰呢」は「王兰在哪儿」という意味である。

 替换与扩展　置き換えと広げる

替换　置き換え

（1）请把嘴张开。　>><<

窗户	开开	照片	发过去
冰箱	打开	文件	放好
门	锁好		

（2）我找了她两次，她都不在。　>><<

问	说	请	来
给	要	约	去

（3）我一下课就找她。　>><<

到家	吃饭	放假	去旅行
关灯	睡觉	起床	去锻炼

扩展 広げる

(1) 他发了两天烧，吃药以后，今天好多了。
　　Tā fā le liǎng tiān shāo, chī yào yǐhòu, jīntiān hǎo duō le.

(2) 他眼睛做了手术，下星期可以出院了。
　　Tā yǎnjing zuò le shǒushù, xià xīngqī kěyǐ chū yuàn le.

四　生词　新出単語

1	开始	kāishǐ	动	始まる，始める
2	把	bǎ	介	……を……（処置を示す）
3	嘴	zuǐ	名	口
4	张	zhāng	动	開ける
5	一……就……	yī……jiù……		……たら、すぐ……
6	嗓子	sǎngzi	名	のど
7	量	liáng	动	量る，計る，測る
8	体温	tǐwēn	名	体温
9	发烧	fā shāo		熱が出る
10	打针	dǎ zhēn		注射する
11	住院	zhù yuàn		入院する
12	受	shòu	动	（きずを）受ける
13	伤	shāng	名/动	きず；きずつける
14	人民	rénmín	名	人民
15	情况	qíngkuàng	名	状況

16	重	zhòng	形	重い，はなはだしい
17	文件	wénjiàn	名	書類
18	锁	suǒ	动/名	錠をかける；錠
19	灯	dēng	名	電燈
20	锻炼	duànliàn	动	鍛える
21	眼睛	yǎnjing	名	目
22	手术	shǒushù	名	手術
23	出院	chū yuàn		退院する

专名　固有名詞

| 人民医院 | Rénmín Yīyuàn | 人民病院 |

五　语法　文法

1. "把"字句（1）　「把」文（1）

（1）"把"字句常常用来强调说明动作对某事物如何处置及处置的结果。在"把"字句里，介词"把"和它的宾语——被处置的事物，必须放在主语之后、动词之前，起状语的作用。例如：

「把」文は常に物事をどう処理するか、および処理してからの結果を強調して説明する時に使う。「把」文では前置詞「把」とその目的語（処理される物事）を、必ず主語の後、動詞の前に置いて、連用修飾語として使わなければならない。例えば、

① 你把门开开。　　② 我把信寄出去了。
③ 小王把那本书带来了。　　④ 请把那儿的情况给我们介绍介绍。

（2）"把"字句有如下几个特点：
「把」文は下記のような特徴を持っている。

a."把"的宾语是说话人心目中已确定的。不能说"把一杯茶喝了"，只能说"把那杯茶喝了"。
「把」文の目的語は話し手にとって既に確定された物事である。例えば「把一杯茶喝了」とは言わず、「把那杯茶喝了」と言わなければならない。

b."把"字句的主要动词一定是及物的，并带有处置或支配的意义。没有处置意义的动词，如"有""是""在""来""回""喜欢""知道"等，不能用于"把"字句。
「把」文の主な動詞は他動詞で、なおかつ処理・支配の意味を持たなければならない。「有」、「是」、「在」、「来」、「回」、「喜欢」、「知道」などの処理の意味を持っていない動詞は、「把」文に使うことができない。

c."把"字句的动词后，必须有其他成分。比如不能说"我把门开"，必须说"我把门开开"。
「把」文の動詞の後には必ず他の成分が来なければならない。例えば「我把门开」とは言わず、「我把门开开」と言わなければならない。

2. "一……就……"　「一……就……」構造

（1）有时表示两件事紧接着发生。例如：
二つの物事があい次いで発生することを表す。例えば、

① 他一下车就看见玛丽了。　　② 他们一放假就都去旅行了。

（2）有时候前一分句表示条件，后一分句表示结果。例如：
前の文節は条件を表し、後の文節は結果を表す時がある。例えば、

③ 他一累就头疼。　　④ 一下雪，路就很滑。

六　练习　練習

1. 给下面的词语配上适当的结果补语　次の空白に適切な結果補語を入れなさい

关＿＿＿窗户　　　张＿＿＿嘴　　　锁＿＿＿门

34 我头疼　私は頭が痛い

开_____灯　　　吃_____饭　　　修_____自行车

洗_____衣服　　接_____一个电话

2. 仿照例子，把下面的句子改成"把"字句
   例文にならって次の文を「把」文に書き直しなさい

   例 例えば　他画好了一张画儿。　→　他把那张画儿画好了。

   （1）他打开了桌上的电脑。　→ _____
   （2）我弄丢了小王的杂志。　→ _____
   （3）我们布置好了那个房间。　→ _____
   （4）我摔坏了刘京的手机。　→ _____

3. 完成对话　次の会話文を完成しなさい

   A：_____？
   B：我刚一病就住院了。
   A：_____？
   B：现在还在检查，检查完了才能知道。
   A：要我帮你做什么吗？
   B：你下次来，_____。（把　书）
   A：好。

4. 会话　会話の練習をしなさい

   大夫和看病的人对话。
   医者と患者との会話。

   提示　看病的人告诉大夫，他打球的时候，手受伤了，所以来医院看病。
   ヒント　球技をやった時に手にけがをした。病院に行って診てもらう。

5. 听后复述　聞いてから述べる

今天小王一起床就头疼，不想吃东西。他没去上课，去医院看病了。大夫给他检查了身体，问了他这两天的生活情况。

他不发烧，嗓子也不红，不是感冒。昨天晚上他玩儿电脑，睡得很晚，睡得也不好。头疼是因为（yīnwèi，……のため）睡得太少了。大夫没给他药，告诉他回去好好儿睡一觉就会好的。

6. 语音练习　発音練習

(1) 常用音节练习　常用音節練習

(2) 朗读会话　次の会話文を読みなさい

A: Dàifu, wǒ dùzi téng.

B: Shénme shíhou kāishǐ de?

A: Jīntiān zǎoshang.

B: Zuótiān nǐ chī shénme dōngxi le? Chī tài liáng de dōngxi le ma?

A: Hē le hěn duō bīng shuǐ.

B: Kěnéng shì yīnwèi hē de tài duō le, chī diǎnr yào ba.

35 你好点儿了吗

tànwàng
探望
見舞い

少しよくなりましたか

一 句子 基本文

253 王兰被车撞伤了。
Wáng Lán bèi chē zhuàng shāng le.
王兰さんは車にぶつかって、けがをしました。

254 带些水果什么的①吧。
Dài xiē shuǐguǒ shénmede ba.
果物などを持って行きましょう。

255 医院前边修路，汽车到不了医院门口。
Yīyuàn qiánbian xiū lù, qìchē dào bu liǎo yīyuàn ménkǒu.
病院の前の通りは工事していますから、車は病院の門まで行けません。

256 从那儿走着去很近。
Cóng nàr zǒu zhe qù hěn jìn.
そこから歩いて行けばとても近いです。

257 你好点儿了吗？ 少しよくなりましたか。
Nǐ hǎo diǎnr le ma?

258 看样子，你好多了。
Kàn yàngzi, nǐ hǎo duō le.
見たところ、ずいぶんよくなったようですね。

259
我觉得一天比一天好。②
Wǒ juéde yì tiān bǐ yì tiān hǎo.
日増しによくなっているように感じます。

260
我们给你带来一些吃的。
Wǒmen gěi nǐ dài lai yìxiē chī de.
食べ物を少し持って来ました。

二 会话 会話

1

玛丽：听说王兰被车撞伤了，是吗？
Mǎlì: Tīngshuō Wáng Lán bèi chē zhuàng shāng le, shì ma?

刘京：是的，她住院了。
Liú Jīng: Shì de, tā zhù yuàn le.

大卫：哪个医院？
Dàwèi: Nǎ ge yīyuàn?

刘京：人民医院。
Liú Jīng: Rénmín Yīyuàn.

大卫：今天下午我们去看看她吧。
Dàwèi: Jīntiān xiàwǔ wǒmen qù kànkan tā ba.

玛丽：好的。我们带点儿什么去？
Mǎlì: Hǎo de. Wǒmen dài diǎnr shénme qù?

大卫：带些水果什么的吧。
Dàwèi: Dài xiē shuǐguǒ shénmede ba.

玛丽：好，我们现在就去买。
Mǎlì: Hǎo. Wǒmen xiànzài jiù qù mǎi.

35 你好点儿了吗 少しよくなりましたか

刘京: 对了，最近人民医院前边修路，汽车到不
Liú Jīng: Duì le, zuìjìn Rénmín Yīyuàn qiánbian xiū lù, qìchē dào bu

了医院门口。
liǎo yīyuàn ménkǒu.

玛丽: 那怎么办？
Mǎlì: Nà zěnme bàn?

大卫: 我们在前一站下车，从那儿走着去很近。
Dàwèi: Wǒmen zài qián yí zhàn xià chē, cóng nàr zǒu zhe qù hěn jìn.

2

玛丽: 王兰，你好点儿了吗？
Mǎlì: Wáng Lán, nǐ hǎo diǎnr le ma?

刘京: 看样子，你好多了。
Liú Jīng: Kàn yàngzi, nǐ hǎo duō le.

王兰: 我觉得一天比一天好。
Wáng Lán: Wǒ juéde yì tiān bǐ yì tiān hǎo.

大卫: 我们给你带来一些吃的，保证你喜欢。
Dàwèi: Wǒmen gěi nǐ dài lai yìxiē chī de, bǎozhèng nǐ xǐhuan.

王兰: 谢谢你们。
Wáng Lán: Xièxie nǐmen.

玛丽: 你在这儿过得怎么样？
Mǎlì: Nǐ zài zhèr guò de zěnmeyàng?

王兰: 眼镜摔坏了，看不了书。
Wáng Lán: Yǎnjìng shuāi huài le, kàn bu liǎo shū.

刘京: 别着急，我拿去找人修。
Liú Jīng: Bié zháojí, wǒ ná qu zhǎo rén xiū.

大卫: 你好好儿休息，下次我们再来看你。
Dàwèi: Nǐ hǎohāor xiūxi, xià cì wǒmen zài lái kàn nǐ.

王兰: 不用了，大夫说我下星期就能出院。
Wáng Lán: Búyòng le, dàifu shuō wǒ xià xīngqī jiù néng chū yuàn.

大卫: 真的？下个周末有舞会，我们等你来跳舞。
Dàwèi: Zhēn de? Xià ge zhōumò yǒu wǔhuì, wǒmen děng nǐ lái tiào wǔ.

王兰: 好，我一定准时到。
Wáng Lán: Hǎo, wǒ yídìng zhǔnshí dào.

注释 注釈

❶ **什么的** など

用在一个成分或几个并列成分之后，表示"等等"或"……之类"的意思。例如：喝点儿咖啡、雪碧什么的；洗洗衣服、做做饭什么的。一般不用于人或地方。

一つ、あるいはいくつかの並列した成分の後に置かれ、「など」、「……といったようなもの」という意味である。例えば「喝点儿咖啡、雪碧什么的」、「洗洗衣服、做做饭什么的」など、人や場所に使われる。

❷ **我觉得一天比一天好。** 日増しによくなっているように感じます。

"一天比一天"作状语，表示随着时间的推移，事物变化的程度递增或递减。也可以说"一年比一年"或"一次比一次"等。

「一天比一天」は連用修飾語で、時間が経つに連れて、物事の変化がだんだん増えたり、減ったりすることを表す。「一年比一年」又は「一次比一次」などと言うこともできる。

35 你好点儿了吗　少しよくなりましたか

 替换与扩展　置き換えと広げる

● 替换　置き換え

(1) 王兰被车撞伤了。

树	风	刮倒
沙发	孩子	弄脏
杯子	病人	摔坏
杂志	他	借走

(2) 我们给你带来一些吃的。

拿	糖
买	方便面
带	面包
借	英文小说

● 扩展　広げる

(1) 天 很 黑，看 样子 要 下 雨 了。
　　Tiān hěn hēi, kàn yàngzi yào xià yǔ le.

(2) 人 民 的 生 活 一 年 比 一 年 幸 福。
　　Rénmín de shēnghuó yì nián bǐ yì nián xìngfú.

(3) 那 个 戴 墨 镜 的 人 是 谁？
　　Nà ge dài mòjìng de rén shì shéi?

見舞い

四 生词 新出単語

1	被	bèi	介	……に……から（前置詞で受動文の行為者の前に置く）
2	撞	zhuàng	动	ぶつける，ぶつかる
3	什么的	shénmede	助	など
4	看样子	kàn yàngzi		見たところ……のようだ
5	最近	zuìjìn	名	最近
6	保证	bǎozhèng	动	保証する
7	眼镜	yǎnjìng	名	めがね
8	着急	zháojí	形	いらだつ，焦る
9	周末	zhōumò	名	週末
10	准时	zhǔnshí	形	时间どおりに，定刻（どおり）に
11	树	shù	名	木
12	倒	dǎo	动	倒れる
13	沙发	shāfā	名	ソファー
14	病人	bìngrén	名	患者，病人
15	杂志	zázhì	名	雑誌
16	糖	táng	名	あめ
17	方便面	fāngbiànmiàn	名	インスタントラーメン
18	面包	miànbāo	名	パン
19	黑	hēi	形	黒い
20	戴	dài	动	かける
21	墨镜	mòjìng	名	サングラス

35 你好点儿了吗 | 少しよくなりましたか

五　语法　文法

被动句　受動文

（1）用介词"被"引出动作的施动者构成被动句。这种句子多含有不如意的意思。例如：
受動文は動作主の前に前置詞である「被」を入れて作られる。多くの受動文には思わしくない意味が含まれる。例えば、

① 王兰被车撞伤了。　　② 树被大风刮倒了。

（2）"被"的施动者（宾语）有时可笼统表示，也可不引出施动者。例如：
「被」の目的語となる動作主を特定しなくてもよく、省略してもよい。例えば、

③ 自行车被人借走了。　　④ 花瓶被打碎了。

（3）介词"让""叫"也可构成被动句，常用于非正式场合的口语中。"让""叫"引出的施动者（宾语）不可省略。例如：
動作主の前に前置詞である「让」と「叫」を入れて、受動文を作ることもできるが、非公式の日常会話に多く用いる。ただし、この場合の動作主は省略できない。例えば、

⑤ 窗户让风刮开了。　　⑥ 那张画儿叫小孩弄脏了。

（4）意义上的被动　意味上の受動文
没有"被""让""叫"等介词标志，但实际意义是被动的，叫意义上的被动。例如：
受動マーカーとしての「被」、「让」、「叫」などの前置詞はない。しかし、意味上では、受動になっているになっていて、「意味上の受け身文」と言う。例えば、

⑦ 眼镜摔坏了。　　⑧ 衣服洗干净了。

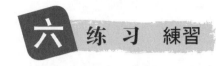

1. 熟读下列短语并选择几个造句
次の連語をよく読み、いくつか選んで文を作りなさい

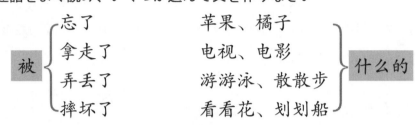

2. 用所给词语造被动句　与えられた言葉を使って、受動文を作りなさい

例 例えば　自行车　撞坏 ➡ 我的自行车被汽车撞坏了。

（1）笔　　　弄丢 ➡ _____

（2）杂志　　拿走 ➡ _____

（3）照相机　借走 ➡ _____

（4）电脑　　弄坏 ➡ _____

3. 把下列"把"字句改为被动句　下の「把」文を受動文に書き直しなさい

例 例えば　我把眼镜摔坏了。➡ 眼镜被我摔坏了。

（1）妹妹把妈妈的手表弄丢了。　➡ _____

（2）真糟糕，我把他的名字写错了。➡ _____

（3）他把文件忘在出租车上了。　➡ _____

（4）他把房卡拿走了。　　　　　➡ _____

（5）大风把小树刮倒了。　　　　➡ _____

4. 会话　会話の練習をしなさい

去医院看病人，与病人一起谈话。
病院に患者を見舞いに行って、その人との会話。

提示　医院生活怎么样，病（的）情（况）怎么样，要什么东西等。
ヒント　入院生活はどうであるか。病状はどうであるか。何か欲しいものがあるかなど。

5. 听后复述　聞いてから述べる

小王住院了，上星期六我们去看她。她住的病房有四张病床。三张病床有人，有一张是空（kōng, 空いている）的。我们去看她的时候，她正躺着看书呢。看见我们，她高兴极了。她说想出院。我们劝（quàn, 勧める）她不要着急，出院后我们帮她补（bǔ, 補習する）英语，想吃什么就给她送去。她很高兴，不再说出院的事了。

6. 语音练习　発音練習

(1) 常用音节练习　常用音節練習

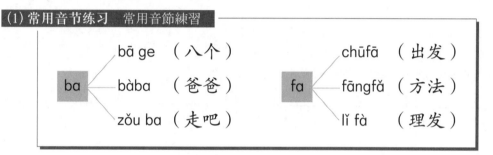

(2) 朗读会话　次の会話文を読みなさい

A: Qǐngwèn, Wáng Lán zhù zài jǐ hào bìngfáng?

B: Tā zài wǔ hào yī chuáng, kěshì jīntiān bù néng kàn bìngrén.

A: Wǒ yǒu diǎnr jí shì, ràng wǒ jìn qu ba.

B: Shénme shì?

A: Tā xiǎng chī bīngqílín, xiànzài bú sòng qu, jiù děi hē bīng shuǐ le.

B: Méi guānxi, wǒ kěyǐ bāng nǐ bǎ bīngqílín gěi tā sòng jin qu.

复习（七）

復習（七）

一 会话 会話

A：你去过四川（Sìchuān，四川省）吗？看过乐山大佛（Lèshān Dàfó，楽山大仏）吗？

B：我去过四川，可是没看过乐山大佛。

A：没看过？那你一定要去看看这尊（zūn，～体，仏像を数える助数詞）有名的大佛！

B：乐山大佛有多大？

A：他坐着从头到脚（jiǎo，足もと）就有71米（mǐ，メートル）。他的头有14米长，耳朵（ěrduo，耳）有7米长。

B：啊，真大啊！那他的脚一定更大了。

A：那当然。大佛的脚有多大，我记不清楚了。不过可以这样说，他的一只脚上可以停五辆大汽车。

B：真了不起（liǎobuqǐ，すごい）！这尊大佛是什么时候修建（xiūjiàn，建てる）的？

A：唐代（Táng Dài，唐の時代）就修建了。大佛在那儿已经（yǐjīng，もう，すでに）坐了一千（qiān，千）多年了。你看，这些照片都是在那儿照的。

B：照得不错。那儿的风景也很美。你是什么时候去的？

A：2012年9月坐船去的。我还想再去一次呢。

B：听了你的介绍，我一定要去看看这尊大佛。要是你有时间，我们一起去，就可以请你当导游了。

A：没问题。

二 语 法 文法

（一）几种补语　補語の種類

1. 状态补语　状態補語

状态补语一般由形容词充任，动词短语等也可作状态补语。状态补语必须带"得"。例如：
状態補語は通常形容詞より作り上げ、主述フレーズが状態補語になることもある。状態補語には「得」をつけなければならない。例えば、

> ① 老师说得很慢。　　　② 他急得跳了起来。
> ③ 他高兴得不知道说什么好。

2. 程度补语　程度補語

表示性质状态的程度。"死了""极了"作程度补语时，前面不加"得"；副词"很"、形容词"多"等作程度补语时，前面加"得"。例如：
性質・状態の程度を説明する。「死了」「极了」が程度補語になる場合、前に「得」を用いない。副詞「很」形容詞「多」などが程度補語となる場合、前に「得」を用いる。例えば、

> ① 今天热死了。　　　　　　　　　｝不带"得"的程度补语
> ② 那只小狗可爱极了。　　　　　　「得」を用いない程度補語
> ③ 中国的名胜古迹多得很。　　　　｝带"得"的程度补语
> ④ 这儿比那儿冷得多。　　　　　　「得」を用いる程度補語

3. 结果补语　結果補語

> ① 你看见和子了吗？　　② 你慢点儿说，我能听懂。
> ③ 玛丽洗完了衣服。　　④ 我拿走了他的词典。

4. 趋向补语　方向補語

① 王老师从楼上下来了。　② 玛丽进大厅去了。

③ 他买回来很多水果。　④ 那个包你放进衣柜里去吧。

5. 可能补语　可能補語

结果补语、简单或复合趋向补语前加"得"或"不"，都可以构成可能补语。例如：
「結果補語」・「簡単方向補語」あるいは「複合方向補語」の前に「得」あるいは「不」を入れると、可能補語が作られる。例えば、

① 练习不太多，今天晚上我做得完。

② 我听不懂你说的话。

③ 现在去长城，下午两点回得来回不来？

④ 衣柜很小，这个包放不进去。

6. 数量补语　数量補語

① 姐姐比妹妹大三岁。　② 大卫比我高一点儿。

③ 那本词典比这本便宜两块多钱。

7. 动量补语　動量補語

① 来北京以后，他只去过一次动物园。

② 我去找了他两次。

8. 时量补语　時量補語

① 我们休息了二十分钟。　② 他只学了半年汉语。

③ 大卫做练习做了一个小时。　④ 小王已经毕业两年了。

9. 时地补语　　時地補語

表示动作行为发生的时间和处所。时地补语由介词短语充当。例如：
動作・行為が発生した時刻と場所を説明する。時地補語は前置詞フレーズより作り上げる。例えば、

> ① 他毕业于（yú, ……に）2012年。　② 玛丽住在九号楼。
> ③ 我把啤酒放在冰箱里了。

（二）结构助词"的""得""地"　構造助詞「的」、「得」、「地」

1. 的

"的"用在定语和中心语之间。例如：
「的」は連体修飾語と中心語の間に用いる。例えば、

> ① 穿白衣服的同学是他的朋友。
> ② 那儿有个很大的商店。

2. 得

"得"用在动词、形容词和补语之间。例如：
「得」は動詞や形容詞と補語の間に用いる。例えば、

> ① 我的朋友在北京过得很愉快。
> ② 这些东西你拿得了拿不了？

3. 地

"地"用在状语和动词之间。例如：
「地」は連用修飾語と動詞の間に用いる。例えば、

> ① 小刘高兴地说："我今天收到三封信。"
> ② 中国朋友热情地欢迎我们。

三 练习 練習

1. 按照实际情况说话 事実に基づいて話しなさい

（1）说说你的宿舍是怎么布置的。（用上"着"）

（2）说说你一天的生活。（用上趋向补语"来""去"）

（3）介绍一次旅游的情况。（买票 找旅馆 参观 游览）

2. 会话 会話の練習をしなさい

（1）旅游 旅行

　　A. 买票　切符を買う

> 到……的票还有吗？　　　　　要哪次的？
> 预订……张……（时间）的票。　几点开（起飞）？
> 要硬卧（软卧）。　　　　　　坐……要多长时间？

　　B. 旅馆　旅館で

> 几个人一个房间？　　住一天多少钱？
> 有洗澡间吗？　　　　餐厅（舞厅、咖啡厅……）在哪儿？

　　C. 参观游览　観光する

> 这儿的风景……　　　顺便到……
> 有什么名胜古迹？　　跟……一起……
> 先去……再去……　　当导游

（2）看病　診察を受ける

> 你怎么了？　　　　　　　不舒服
> 量一下儿体温吧。　　　　头疼
> 发烧，……度。　　　　　嗓子疼
> 感冒了。　　　　　　　　咳嗽
> 吃点儿药。　　　　　　　什么病？
> 一天吃……次。
> 一天打……针。
> 住（出）院吧。

（3）探望　見舞いに行く

> 什么时候能看病人？　　　谢谢你来看我。
> 给他买点儿什么？　　　　（你们）太客气了。
> 你好点儿了吗？　　　　　现在好多了。
> 看样子，你……
> 别着急，好好儿休息。
> 你想要什么东西吗？
> 医院的生活怎么样？
> 什么时候出院？

3. 完成对话　次の会話文を完成しなさい

A：玛丽，天津离北京这么近，星期四我们去玩儿玩儿吧。

B：好，我们可以让_____。

A：不行，小刘病了。

B：_____？

A：她发烧、咳嗽。

B：_____？我怎么不知道？

A：昨天晚上开始的。

B：_____，我们自己去不方便。

A：也好，等小刘好了再去吧。

4. 语音练习　発音練習

(1) 声调练习：第一声+第三声　声調練習：第1声+第3声

　　yāoqǐng　　（邀请）
　　yāoqǐng qīnyǒu　　（邀请亲友）
　　yāoqǐng qīnyǒu hē jiǔ　　（邀请亲友喝酒）

(2) 朗读会话　次の会話文を読みなさい

A: Dàifu, wǒ sǎngzi téng.

B: Yǒudiǎnr hóng, yào duō hē shuǐ.

A: Wǒ hē de bù shǎo.

B: Bié chī de tài xián.

A: Wǒ zhīdào.

B: Xiànzài nǐ qù ná yào, yàoshi bù hǎo, zài lái kàn.

A: Hǎo, xièxie. Zàijiàn!

告别 gào bié
お別れのあいさつ

36 我要回国了
私はもうすぐ帰国します

一 句子 基本文

261 好久不见了。お久しぶりですね。
Hǎojiǔ bú jiàn le.

262 你今天怎么有空儿来了？
Nǐ jīntiān zěnme yǒu kòngr lái le?
今日はどうしてここに来る暇があったのですか。

263 我来向你告别。
Wǒ lái xiàng nǐ gào bié.
お別れのあいさつをしに来ました。

264 我常来打扰你，很过意不去。
Wǒ cháng lái dǎrǎo nǐ, hěn guò yì bú qù.
いつもお邪魔をして、本当にすみません。

265 你那么忙，不用送我了。
Nǐ nàme máng, búyòng sòng wǒ le.
お忙しいでしょうから見送りはけっこうです。

266 我一边学习，一边工作。
Wǒ yìbiān xuéxí, yìbiān gōngzuò.
私は仕事をしながら勉強しています。

| 267 | 朋友们有的知道，有的不知道。
Péngyoumen yǒude zhīdào, yǒude bù zhīdào.
友達には知っている人もいますし、知らない人もいます。

| 268 | 趁这两天有空儿，我去向他们告别。
Chèn zhè liǎng tiān yǒu kòngr, wǒ qù xiàng tāmen gào bié.
この二三日の暇を利用して、彼らにお別れのあいさつに行きます。

二 会话 会話

1

玛丽：你好，王先生！
Mǎlì: Nǐ hǎo, Wáng xiānsheng!

王：玛丽小姐，好久不见了。今天怎么有空儿来了？
Wáng: Mǎlì xiǎojiě, hǎojiǔ bú jiàn le. Jīntiān zěnme yǒu kòngr lái le?

玛丽：我来向你告别。
Mǎlì: Wǒ lái xiàng nǐ gào bié.

王：你要去哪儿？
Wáng: Nǐ yào qù nǎr?

玛丽：我要回国了。
Mǎlì: Wǒ yào huí guó le.

王：日子过得真快，你来北京已经一年了。
Wáng: Rìzi guò de zhēn kuài, nǐ lái Běijīng yǐjīng yì nián le.

玛丽：常来打扰你，很过意不去。
Mǎlì: Cháng lái dǎrǎo nǐ, hěn guò yì bú qù.

36 我要回国了　私はもうすぐ帰国します

王：哪儿的话①，因为忙，对你的照顾很不够。
Wáng: Nǎr de huà, yīnwèi máng, duì nǐ de zhàogù hěn bú gòu.

玛丽：你太客气了。
Mǎlì: Nǐ tài kèqi le.

王：哪天走？我去送你。
Wáng: Nǎ tiān zǒu? Wǒ qù sòng nǐ.

玛丽：你那么忙，不用送了。
Mǎlì: Nǐ nàme máng, búyòng sòng le.

2

刘京：这次回国，你准备工作还是继续学习？
Liú Jīng: Zhè cì huí guó, nǐ zhǔnbèi gōngzuò háishi jìxù xuéxí?

大卫：我打算考研究生，一边学习，一边工作。
Dàwèi: Wǒ dǎsuàn kǎo yánjiūshēng, yìbiān xuéxí, yìbiān gōngzuò.

刘京：那很辛苦啊。
Liú Jīng: Nà hěn xīnkǔ a.

大卫：没什么，我们那儿很多人都这样。
Dàwèi: Méi shénme, wǒmen nàr hěn duō rén dōu zhèyàng.

刘京：你要回国的事，朋友们都知道了吗？
Liú Jīng: Nǐ yào huí guó de shì, péngyoumen dōu zhīdào le ma?

大卫：有的知道，有的不知道。趁这两天有
Dàwèi: Yǒude zhīdào, yǒude bù zhīdào. Chèn zhè liǎng tiān yǒu

空儿，我去向他们告别。
kòngr, wǒ qù xiàng tāmen gào bié.

お別れのあいさつ 159

注释　注釈

❶ **哪儿的话。**　いえいえ。
　　用在答话里表示否定的客气话，一般用在对方表示自谦或抱歉时。
　　返答用語である。相手からほめられたとき、申しわけない気持ちを表されたりするとき、それを否定するのに使う。

三　替换与扩展　置き換えと広げる

替换　置き換え

(1) 你 来北京已经一年了。

他	离开上海	两年
我	起床	一刻钟
小王	去欧洲	三个月

(2) 他一边学习，一边工作。

看新闻	下载文件
跳舞	唱歌
喝茶	讨论
散步	聊天儿

(3) 朋友们有的知道，有的不知道。

同学	来	不来
老师	参加	不参加
孩子	喜欢	不喜欢

36 我要回国了 — 私はもうすぐ帰国します

扩展　広げる

（1）这 两 天 我 得 去 办 各 种 手 续，没 时 间 去 向 你 告 别 了。请 原 谅。
　　 Zhè liǎng tiān wǒ děi qù bàn gè zhǒng shǒuxù, méi shíjiān qù xiàng nǐ gào bié le. Qǐng yuánliàng.

（2）有 几 位 老 朋 友 好 久 不 见 了，趁 出 差 的 机 会 去 看 看 他 们。
　　 Yǒu jǐ wèi lǎo péngyou hǎojiǔ bú jiàn le, chèn chū chāi de jīhui qù kànkan tāmen.

四　生词　新出単語

1	好久	hǎojiǔ	形	（時間が）かなり長い
2	向	xiàng	介	（……に）向って
3	告别	gào bié		お別れのあいさつ
4	打扰	dǎrǎo	动	お邪魔をする
5	过意不去	guò yì bú qù		すまなく思う
6	那么	nàme	代	そんなに
7	一边……一边……	yìbiān……yìbiān……		……しながら……する
8	们	men	尾	たち、〜ら（複数を表す）
9	有的	yǒude	代	ある
10	趁	chèn	介	……のうちに，……を利用して
11	日子	rìzi	名	日
12	已经	yǐjīng	副	もう，すでに

13	因为	yīnwèi	连	……なので，（……の）ために
14	照顾	zhàogù	动	配慮する，世話をする
15	够	gòu	动	足りる
16	准备	zhǔnbèi	动	支度する，準備する
17	继续	jìxù	动	続ける，続く
18	打算	dǎsuàn	动/名	……つもりである；考え
19	研究生	yánjiūshēng	名	大学院生
20	离开	lí kāi		離れる
21	新闻	xīnwén	名	ニュース
22	下载	xiàzài	动	ダウンロードする
23	聊天儿	liáo tiānr		世間話をする，雑談する
24	手续	shǒuxù	名	手続き
25	老	lǎo	形	古くからの，昔からの
26	机会	jīhui	名	機会，チャンス

专名　固有名詞

| 欧洲 | Ōuzhōu | ヨーロッパ |

五　语　法　文法

1. 时量补语（3）　時量補語（3）

有些动词，如"来""去""到""下（课）""离开"等加时量补语，不是表示动作的持续，而是表示从发生到某时（或说话时）的一段时间。动词后有宾语时，时量补语要放在宾语之后。例如：

「来」、「去」、「到」、「下（课）」「离开」などの動詞はその後に時量補語を加えられると動作・行為の持続ではなく、このような動作・行為が始まる時点からある時点（あるいは話している時点）までの時間の長さを表す。動詞が目的語を持つ場合は時量補語を目的語の後に置く。例えば、

① 他来北京一年了。　　　② 下课十五分钟了。

2. "有的……有的……" 文型「有的……，有的……」

（1）代词"有的"作定语时，常指它所修饰的名词的一部分，可以单用，也可以两三个连用。例如：
代名詞「有的」は連体修飾語として使う時に修飾されている名詞の一部を表す。単独で使うこともでき、二つ三つと続り返して使うこともできる。例えば、

① 有的话我没听懂。
② 我们班有的同学喜欢看电影，有的（同学）喜欢听音乐，有的（同学）喜欢看小说。

（2）如果所修饰的名词前面已出现过，名词也可以省略。例如：
修飾されている名詞は前の節に出ていれば、後の節では省略することもできる。例えば、

③ 他的书很多，有的是中文的，有的是英文的。

六 练习　練習

1. 熟读下列短语并选择几个造句
   次の連語をよく読み、いくつか選んで文を作りなさい

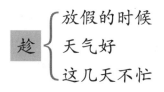

好 { 多 / 几个星期 / 累

2. 选择适当的词语完成句子　適切な動詞を使って下の文を完成しなさい

有的　　继续　　撞　　老　　出差　　够

（1）你的病还没好，应该_____。

（2）买两本书得三十块钱，我带的_____，买一本吧。

（3）他已经五十岁了，可是看样子_____。

（4）他_____，很少在家。

（5）那棵小树昨天被汽车_____。

（6）我有很多中国朋友，_____。

3. 给下面的词语选择适当的位置
括弧の中の言葉をそれぞれの文の中の入るべきところに入れなさい

（1）李成日 A 离开 B 北京 C 了。（一年）

（2）他 A 去 B 医院 C 了。（两个半小时）

（3）他 A 大学 B 毕业 C 了。（两年）

（4）他 A 已经 B 起床 C 了。（半个小时）

（5）他们 A 结 B 婚 C 了。（十多年）

4. 按照实际情况回答问题　事実に基づいて次の問題に答えなさい

（1）你来北京多长时间了？

（2）你什么时候中学毕业的？毕业多长时间了？

（3）你现在穿的这件衣服，买了多长时间了？

36 我要回国了　私はもうすぐ帰国します

（4）你离开你们国家多长时间了？

5. 完成对话　次の会話文を完成しなさい

A：小王，我要回国了。
B：_____？
A：二十号晚上走。
B：_____？
A：准备得差不多了。
B：_____？
A：不用帮忙，我自己可以。
B：_____？
A：你很忙，不用送我了。

6. 会话　会話の練習をしなさい

你来中国的时候向朋友告别。
中国に来る前に友達にお別れのあいさつをする。

提示　朋友问你学什么，学习多长时间；你问他们有没有要办的事等。
ヒント　友達から何を勉強しに行くか、どれくらい勉強するかと聞かれる。あなたは彼らに何かやってもらいたいことがあるかと聞く。

7. 听后复述　聞いてから述べる

　　明天我要去旅行。这次去的时间比较长，得去向朋友告别一下，可是老张住院了。
　　在北京的这些日子里，老张像家里人一样照顾我。我也常去打扰他，我觉得很过意不去。今天不能去跟他告别，我就给他写一封信去，问他好吧。希望（xīwàng，希望する）我回来的时候他已经出院了。

8. 语音练习　発音練習

(1) 常用音节练习　常用音節練習

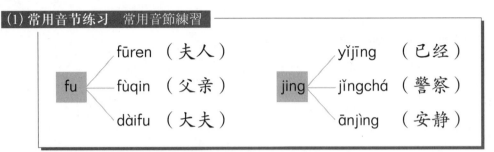

(2) 朗读会话　次の会話文を読みなさい

A: Wáng Lán, wǒ xiàng nǐ gào bié lái le.

B: Zhēn qiǎo, wǒ zhèng yào qù kàn nǐ ne. Qǐng jìn.

A: Nǐ nàme máng, hái chángcháng zhàogù wǒ, fēicháng gǎnxiè.

B: Nǎr de huà, zhàogù de hěn bú gòu.

jiànxíng
饯行
送别会

37 真舍不得你们走

あなたたちと本当にお別れしたくない

一 句子 基本文

269
回国的日子越来越近了。
Huí guó de rìzi yuè lái yuè jìn le.
帰国の日がだんだん近づいてきました。

270
虽然时间不长，但是我们的友谊很深。
Suīrán shíjiān bù cháng, dànshì wǒmen de yǒuyì hěn shēn.
短い時間だったけれど、私たちの友情はとても深いです。

271
我们把通讯地址都留在本子上了。
Wǒmen bǎ tōngxùn dìzhǐ dōu liú zài běnzi shang le.
私達は連絡先をノートに書いておきました。

272
让我们一起照张相吧！
Ràng wǒmen yìqǐ zhào zhāng xiàng ba!
一緒に写真を撮りましょう。

273
除了去实习的以外，都来了。
Chúle qù shíxí de yǐwài, dōu lái le.
実習に行っている人を除いて、みんな来ています。

274
你用汉语唱个歌吧。
Nǐ yòng Hànyǔ chàng ge gē ba.
中国語で歌を歌ってください。

275
我唱完就该你们了。
Wǒ chàng wán jiù gāi nǐmen le.
私の歌が終ったら、あなたたちの番です。

276
真不知道说什么好。
Zhēn bù zhīdào shuō shénme hǎo.
本当にどう言ったらいいか分かりません。

二 会话 会話

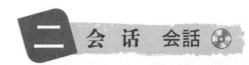

1

和子： 回国的日子越来越近了。
Hézǐ: Huí guó de rìzi yuè lái yuè jìn le.

王兰： 真舍不得你们走。
Wáng Lán: Zhēn shěbudé nǐmen zǒu.

大卫： 是啊，虽然时间不长，
Dàwèi: Shì a, suīrán shíjiān bù cháng,

但是我们的友谊很深。
dànshì wǒmen de yǒuyì hěn shēn.

玛丽： 我们把通讯地址都留在本子上了，
Mǎlì: Wǒmen bǎ tōngxùn dìzhǐ dōu liú zài běnzi shang le,

以后常联系。
yǐhòu cháng liánxì.

37 真舍不得你们走 | あなたたちと本当にお別れしたくない

刘京: 我想你们还会有机会来中国的。
Liú Jīng: Wǒ xiǎng nǐmen hái huì yǒu jīhui lái Zhōngguó de.

和子: 要是来北京，一定来看你们。
Hézǐ: Yàoshi lái Běijīng, yídìng lái kàn nǐmen.

大卫: 让我们一起照张相吧！
Dàwèi: Ràng wǒmen yìqǐ zhào zhāng xiàng ba!

玛丽: 好，多照几张，留作纪念。
Mǎlì: Hǎo, duō zhào jǐ zhāng, liú zuò jìniàn.

2

玛丽: 参加欢送会的人真多。
Mǎlì: Cānjiā huānsònghuì de rén zhēn duō.

刘京: 除了去实习的以外，都来了。
Liú Jīng: Chúle qù shíxí de yǐwài, dōu lái le.

和子: 开始演节目了。
Hézǐ: Kāishǐ yǎn jiémù le.

大卫: 玛丽，你用汉语唱个歌吧。
Dàwèi: Mǎlì, nǐ yòng Hànyǔ chàng ge gē ba.

玛丽: 我唱完就该你们了。
Mǎlì: Wǒ chàng wán jiù gāi nǐmen le.

王兰: 各班的节目很多，很精彩。
Wáng Lán: Gè bān de jiémù hěn duō, hěn jīngcǎi.

和子: 同学和老师这么
Hézǐ: Tóngxué hé lǎoshī zhème

热情地欢送我们，
rèqíng de huānsòng wǒmen,

真不知道说什么好。
zhēn bù zhīdào shuō shénme hǎo.

刘京：祝贺你们取得了好成绩。
Liú Jīng: Zhùhè nǐmen qǔdé le hǎo chéngjì.

王兰：祝你们更快地提高中文水平。
Wáng Lán: Zhù nǐmen gèng kuài de tígāo Zhōngwén shuǐpíng.

三 替换与扩展　置き換えと広げる

替换　置き換え

(1) 回国的日子越来越近了。

他的发音	好
旅游的人	多
他的技术水平	高
北京的天气	暖和

(2) 虽然时间不长，但是我们的友谊很深。

年纪很大	身体很好
路比较远	交通比较方便
学习的时间很短	提高得很快

(3) 我们把通讯地址都留在本子上了。

字	写	黑板上
自行车	放	礼堂右边
地图	挂	墙上
通知	贴	黑板左边

37 真舍不得你们走　あなたたちと本当にお別れしたくない

扩展　広げる

（1）他除了英语以外，别的语言都不会。
　　　Tā chúle Yīngyǔ yǐwài, bié de yǔyán dōu bú huì.

（2）这次篮球赛非常精彩，你没去看，真可惜。
　　　Zhè cì lánqiú sài fēicháng jīngcǎi, nǐ méi qù kàn, zhēn kěxī.

四　生词　新出単語

1	越来越……	yuè lái yuè……		ますます……なる
2	虽然……但是……	suīrán……dànshì……		けれども，……とは言うものの
3	深	shēn	形	深い
4	通讯	tōngxùn	名	通信
5	地址	dìzhǐ	名	住所
6	留	liú	动	残しておく
7	实习	shíxí	动	実習する
8	该	gāi	动	……するのが当然である
9	舍不得	shěbudé	动	惜しい
10	欢送会	huānsònghuì	名	送別会
11	节目	jiémù	名	出し物，番組
12	精彩	jīngcǎi	形	すばらしい
13	热情	rèqíng	形	心温かい，暖かい
14	欢送	huānsòng	动	送別する
15	取得	qǔdé	动	獲得する

16	旅游	lǚyóu	动	旅行する
17	水平	shuǐpíng	名	水準，レベル
18	年纪	niánjì	名	年齢
19	黑板	hēibǎn	名	黒板
20	右边	yòubian	名	右側
21	墙	qiáng	名	壁
22	贴	tiē	动	貼る
23	左边	zuǒbian	名	左側

五 语法 文法

1. "虽然……但是……" 复句　複文「虽然……但是……」

关联词 "虽然" 和 "但是（可是）" 可以构成表示转折关系的复句。"虽然" 放在第一分句的主语前或主语后，"但是（可是）" 放在第二分句句首。例如：

接続詞「虽然」と「但是（可是）」は逆接関係の複文に使う。「虽然」は前節の主語の前か後に置き、「但是（可是）」は後節の文頭に置く。例えば、

① 虽然下雪，但是天气不太冷。

② 今天我虽然很累，但是玩儿得很高兴。

③ 虽然他没来过北京，可是对北京的情况知道得很多。

2. "把" 字句（2）　「把」文 (2)

（1）如果要说明受处置的事物或人通过动作处于某处，必须用 "把" 字句。例如：

物や人がある場所にある（いる）ことが動作によって処理された結果であることを説明する時には、「把」文を使わなければならない。例えば、

37 真舍不得你们走 あなたたちと本当にお別れしたくない

① 我们把通讯地址留在本子上了。

② 我把啤酒放进冰箱里了。

③ 他把汽车开到学校门口了。

（2）说明受处置的事物通过动作交给某一对象时，在一定条件下也要用"把"字句。例如：

処理された物がその動作によって、だれかに渡された特殊な場合を除いて「把」文を使わなければならない。例えば、

④ 我把钱交给那个售货员了。

⑤ 把这些饺子留给大卫吃。

六 练 习　練習

1. 选词填空　単語を選んで空白を埋めなさい

| 舍不得　精彩　该　机会　留　热情 |

（1）昨天的游泳比赛很＿＿＿＿＿，运动员的水平很高。

（2）我都站了一个小时了，现在我们＿＿＿＿＿坐一会儿了。

（3）来中国学习是很好的＿＿＿＿＿，我一定好好儿学习。

（4）我的通讯地址给你＿＿＿＿＿了吧？

（5）那个饭店的服务员很＿＿＿＿＿。

（6）这块蛋糕她＿＿＿＿＿吃，因为妹妹喜欢吃，她要留给妹妹。

2. 仿照例子，用"越来越……"改写句子
　　例文にならって、「越来越……」を用いて、次の文を書き直しなさい

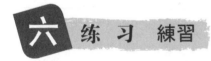 刚才雪很大，现在更大。→ 雪（下得）越来越大了。

送别会 173

（1）冬天快过去了，天气慢慢地暖和了。
　　→ _____

（2）他的汉语比刚来的时候好了。
　　→ _____

（3）张老师的小女儿一年比一年漂亮。
　　→ _____

（4）参加欢送会的人比刚开始的时候多了。
　　→ _____

（5）大家讨论以后，这个问题比以前清楚了。
　　→ _____

3. 用所给词语造"把"字句　次の言葉を使い、「把」文を作りなさい

　例 例えば　汽车　停　九号楼前边 → 他把汽车停在九号楼前边了。

（1）名字　　写　　本子上　→ _____
（2）词典　　放　　桌子上　→ _____
（3）钱包　　忘　　家里　　→ _____
（4）衬衫　　挂　　衣柜里　→ _____

4. 完成对话　次の会話文を完成しなさい

A：小张，你要去法国留学了，祝你顺利！

B：祝你学习_____！

张：谢谢你们！为_____干杯！

A：_____。

张：我一到那儿就给你们打电话。

B：_____。

张：我一定注意身体。谢谢！

37 真舍不得你们走　あなたたちと本当にお別れしたくない

5. 会话　会話の練習をしなさい

说说开茶话会欢送朋友回国的情况。
友達が帰国する前に開いた送別会のことについて。

提示　一边喝茶一边谈话，你对朋友说些什么，朋友说些什么。
ヒント　お茶を飲みながら話をする。あなたは友達に何を話したか。友達はあなたに何を話したか。

6. 听后复述　聞いてから述べる

我在这儿学了三个月汉语，下星期一要回国了。虽然我在中国的时间不长，可是认识了不少中国朋友和别的国家的朋友。我们的友谊越来越深。我真舍不得离开他们。要是以后有机会，我一定会再来中国。

7. 语音练习　発音練習

(1) 常用音节练习　常用音節練習

(2) 朗读会话　次の会話文を読みなさい

A: Míngtiān wǒmen gěi Lǐ Hóng kāi ge huānsònghuì ba.

B: Duì, tā chū guó shíjiān bǐjiào cháng.

C: Děi zhǔnbèi yìxiē shuǐguǒ hé lěngyǐn.

A: Bié wàng le zhào xiàng.

B: Yě bié wàng le liú tā de tōngxùn dìzhǐ.

38 这儿托运行李吗
ここは託送できますか

一 句子 基本文

277
邮局寄不但太贵，而且这么大的行李也不能寄。
Yóujú jì búdàn tài guì, érqiě zhème dà de xíngli yě bù néng jì.
郵便局で送るのは料金が高すぎるだけではなく、こんな大きな荷物は送れませんよ。

278
我记不清楚了。はっきり覚えていません。
Wǒ jì bu qīngchu le.

279
我想起来了。① 思い出しました。
Wǒ xiǎng qilai le.

280
我打听一下儿，这儿托运行李吗？
Wǒ dǎting yíxiàr, zhèr tuōyùn xíngli ma?
ちょっとお尋ねしたいんですが、ここは託送できますか。

281
运费怎么算？
Yùnfèi zěnme suàn?
運賃はどう計算しますか。

38 这儿托运行李吗　ここは託送できますか

282　按照这个价目表收费。
Ànzhào zhè ge jiàmùbiǎo shōu fèi.
この料金表に基づいて料金をいただきます。

283　你可以把东西运来。
Nǐ kěyǐ bǎ dōngxi yùn lai.
荷物を運んで来てもいいです。

284　我的行李很大，一个人搬不动。
Wǒ de xíngli hěn dà, yí ge rén bān bu dòng.
私の荷物はとても大きいので、一人では持てません。

二　会话　会話

1

刘京：你这么多行李，坐飞机的话，一定超重。
Liú Jīng: Nǐ zhème duō xíngli, zuò fēijī de huà, yídìng chāo zhòng.

和子：那怎么办？
Hézǐ: Nà zěnme bàn?

王兰：邮局寄不但太贵，而且
Wáng Lán: Yóujú jì búdàn tài guì, érqiě

这么大的行李也不能寄。
zhème dà de xíngli yě bù néng jì.

刘京：可以海运。
Liú Jīng: Kěyǐ hǎiyùn.

和子：海运要多长时间？
Hézǐ: Hǎiyùn yào duō cháng shíjiān?

刘京：我记不清楚了，我们可以去托运公司问问。
Liú Jīng: Wǒ jì bu qīngchu le, wǒmen kěyǐ qù tuōyùn gōngsī wènwen.

王兰：啊，我想起来了，去年李成日也
Wáng Lán: À, wǒ xiǎng qilai le, qùnián Lǐ Chéngrì yě

托运过。
tuōyùn guo.

和子：那好，明天我去问一下儿
Hézǐ: Nà hǎo, míngtiān wǒ qù wèn yíxiàr.

2

和子：我打听一下儿，这儿托运行李吗？
Hézǐ: Wǒ dǎting yíxiàr, zhèr tuōyùn xíngli ma?

服务员：托运。你要运到哪儿？
Fúwùyuán: Tuōyùn. Nǐ yào yùn dào nǎr?

和子：日本。要多长时间？
Hézǐ: Rìběn. Yào duō cháng shíjiān?

服务员：大概一个多月。
Fúwùyuán: Dàgài yí ge duō yuè.

和子：运费怎么算？
Hézǐ: Yùnfèi zěnme suàn?

服务员：按照这个价目表收费。你可以把东西
Fúwùyuán: Ànzhào zhè ge jiàmùbiǎo shōu fèi. Nǐ kěyǐ bǎ dōngxi

运来。
yùn lai.

和子：我的行李很大，一个人搬不动。
Hézǐ: Wǒ de xíngli hěn dà, yí ge rén bān bu dòng.

38 这儿托运行李吗 | ここは託送できますか

服务员：没关系，为了方便顾客，
Fúwùyuán: Méi guānxi, wèile fāngbiàn gùkè,

我们也可以去取。
wǒmen yě kěyǐ qù qǔ.

和子：那太麻烦你们了。
Hézǐ: Nà tài máfan nǐmen le.

注释　注釈

❶ 我想起来了。　思い出しました。
指遗忘的事通过回忆在脑中浮现出来。
忘れていたことを思い出す意味である。

三　替换与扩展　置き換えと広げる

 替换　置き換え

（1）坐飞机的话，
你的行李
一定超重。

上高速公路	你们	要注意安全
坐软卧	她们	觉得很舒服
寄包裹	你	要包好
放假	他们	去旅行

（2）我记不清楚了。

做 完	洗 干净
搬 动	去 了

（3）你可以把东西运来。

王大夫	请来
这个包	带去
修好的手表	取来

扩展　広げる

(1) 一个月的水费、电费、房费不少。
　　Yí ge yuè de shuǐfèi、diànfèi、fángfèi bù shǎo.

(2) 我想起来了，这个人是成日，以前
　　Wǒ xiǎng qilai le, zhè ge rén shì Chéngrì, yǐqián
　　我在国际交流中心见过他。
　　wǒ zài Guójì Jiāoliú Zhōngxīn jiàn guo tā.

(3) 我打听一下儿，星期六大使馆办公不办公？
　　Wǒ dǎting yíxiàr, xīngqīliù dàshǐguǎn bàn gōng bu bàn gōng?

四　生词　新出単語

1	打听	dǎting	动	尋ねる，問い合わせる
2	托运	tuōyùn	动	託送する
3	不但……而且……	búdàn……érqiě……		……ばかりではなく、その上に……
4	起来	qǐ lai		表に出てくる
5	运费	yùnfèi	名	運賃
6	算	suàn	动	計算
7	按照	ànzhào	介	……によって，……のとおりに
8	价目表	jiàmùbiǎo	名	料金表

38 这儿托运行李吗　ここは託送できますか

9	运	yùn	动	運ぶ
10	搬	bān	动	運ぶ，移す
11	动	dòng	动	動かす
12	的话	dehuà	助	……ということなら
13	超重	chāo zhòng		重量オーバー
14	海运	hǎiyùn	动	海運
15	为了	wèile	介	……のために
16	顾客	gùkè	名	客
17	取	qǔ	动	取る
18	高速公路	gāosù gōnglù		高速道路
19	包裹	bāoguǒ	名	包み，小包
20	国际	guójì	形	国際
21	交流	jiāoliú	动	交流する，コミュニケーションする
22	中心	zhōngxīn	名	センター
23	大使馆	dàshǐguǎn	名	大使館
24	办公	bàn gōng		執務する

五　语法　文法

1. "不但……而且……"复句　複文「不但……而且……」

"不但……而且……"表示递进关系。如果两个复句的主语相同，"不但"放在第一分句的主语之后；如果两个分句的主语不同，"不但"放在第一分句的主语之前。例如：

「不但……而且……」は累加関係を表す。二つの文節の主語が同じである場合は、「不但」を前の文節の主語の後に置くが、二つの文節の主語が異なっている場合は、「不但」を前の文節の主語の前に置。例えば、

> ① 他不但是我的老师，而且也是我的朋友。
>
> ② 这个行李不但大，而且很重。
>
> ③ 不但他会英语，而且小王和小李也会英语。

2. 能愿动词在"把"字句中的位置　「把」文の中の能願動詞の位置

能愿动词都放在介词"把"的前边。例如：
すべての能願動詞は前置詞「把」の前に置く。例えば、

> ① 我可以把照相机带来。
>
> ② 晚上有大风，应该把窗户关好。

3. "动"作可能补语　可能補語としての動詞「动」

动词"动"作可能补语，表示有力量做某事。例如：
動詞「动」は可能補語として使う時、ある事をするだけの力があることを表す。例えば、

> ① 这只箱子不重，我拿得动。
>
> ② 走了很多路，我现在走不动了。
>
> ③ 这个行李太重了，一个人搬不动。

六　练习　練習

1. 用动词加可能补语填空　動詞とその可能補語を使って空白を埋めなさい

(1) 天太黑，我＿＿＿＿＿＿＿黑板上的字。

(2) 这张桌子很重，我一个人＿＿＿＿＿＿＿。

（3）我的中文水平不高，还_____中文报。

（4）从这儿海运到东京，一个月_____吗？

（5）这本小说，你一个星期_____吗？

（6）我们只见过一面，他的名字我_____。

2. 用"不但……而且……"完成句子
「不但……而且……」を用いて次の文を完成しなさい

（1）那儿不但名胜古迹很多，_____。

（2）抽烟_____，而且对别人的身体也不好。

（3）他不但会说汉语，_____。

（4）昨天在欢送会上不但_____，而且别的班的同学也都演了节目。

3. 用"为了"完成句子　「为了」を使って次の文を完成しなさい

（1）_____，我要去旅行。

（2）_____，我们要多听多说。

（3）_____，你别骑快车了。

（4）_____，我买了一张画儿。

4. 完成对话　次の会話文を完成しなさい

A：_____？

B：我去托运行李。

A：_____？

B：运到上海。

A：_____？

B：七八天。

A：运费贵吗？

B：_____。

A：你拿得动吗？要不要我帮忙？

B：_____。

5. 会话　会話の練習をしなさい

去邮局寄包裹。与营业员对话。
郵便局で小包を送る時、郵便局の職員との会話。

提示　东西是不是超重、邮费是多少、多长时间能到。
ヒント　小包が重量オーバーか。料金はどれくらいか。どのくらいの時間で届くか。

6. 听后复述　聞いてから述べる

　　小刘要去韩国，他不知道可以托运多少行李。小张去过法国，去法国和去韩国一样，可以托运二十公斤（gōngjīn，キログラム），还可以带一个五公斤的小包。小刘东西比较多，从邮局寄太贵。小张让他海运，海运可以寄很多，而且比较便宜。小刘觉得这是个好主意（zhúyi/zhǔyi，考え）。

7. 语音练习　発音練習

(1) 常用音节练习　常用音節練習

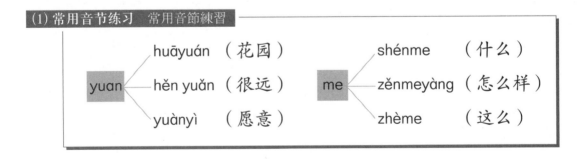

38 这儿托运行李吗　ここは託送できますか

(2) 朗読会话　次の会話文を読みなさい

A: Xiǎojiě, wǒ yào jì shū, hǎiyùn.

B: Wǒ kànkan. À, chāo zhòng le.

A: Yì bāo kěyǐ jì duōshao?

B: Wǔ gōngjīn.

A: Wǒ ná chū jǐ běn lai ba.

B: Hǎo.

39 不能送你去机场了
空港まで送ることができなくなりました

sòngxíng
送行（1）
送別

一 句子 基本文

285
你准备得怎么样了？ 準備はどうなっていますか。
Nǐ zhǔnbèi de zěnmeyàng le?

286
你还有什么没办的事，我可以替你办。
Nǐ hái yǒu shénme méi bàn de shì, wǒ kěyǐ tì nǐ bàn.
何かやっていないことがあったら、やってあげますよ。

287
这几本书我想送给朋友，来不及叫快递了。
Zhè jǐ běn shū wǒ xiǎng sòng gěi péngyou, lái bu jí jiào kuàidì le.
この何冊かの本を友達に送りたいんですが、時間がなくて速達で頼むのはどうせ無理です。

288
我正等着你呢！
Wǒ zhèng děng zhe nǐ ne!
あなたを待っていますよ。

289
你的东西收拾好了吗？
Nǐ de dōngxi shōushi hǎo le ma?
荷作りは終わりましたか。

39 不能送你去机场了　空港まで送ることができなくなりました

290　出门跟在家不一样①，麻烦事就是多。
Chū mén gēn zài jiā bù yíyàng, máfan shì jiù shì duō.
出掛けるのは家にいるのと違って、面倒な事が本当に多いです。

291　四个小包不如两个大包好。
Sì ge xiǎo bāo bùrú liǎng ge dà bāo hǎo.
小さいのが四つより二つ大きな包みにしたほうがいいです。

292　又给你添麻烦了。またお手数をかけます。
Yòu gěi nǐ tiān máfan le.

二　会话　会話

1

王兰：准备得怎么样了?
Wáng Lán: Zhǔnbèi de zěnmeyàng le?

玛丽：我正收拾东西呢。
Mǎlì: Wǒ zhèng shōushi dōngxi ne.

你看，多乱啊！
Nǐ kàn, duō luàn a!

王兰：路上要用的东西放在手提包里，这样用起来方便②。
Wáng Lán: Lù shang yào yòng de dōngxi fàng zài shǒutíbāo li, zhèyàng yòng qilai fāngbiàn.

玛丽：对。我随身带的东西不太多，两个箱子
Mǎlì: Duì. Wǒ suíshēn dài de dōngxi bú tài duō, liǎng ge xiāngzi

都已经托运了。
dōu yǐjīng tuōyùn le.

王兰：真抱歉，我不能送你去机场了。
Wáng Lán: Zhēn bàoqiàn, wǒ bù néng sòng nǐ qù jīchǎng le.

玛丽：没关系。你忙吧。
Mǎlì: Méi guānxi. Nǐ máng ba.

王兰：你还有什么没办的事，我可以替你办。
Wáng Lán: Nǐ hái yǒu shénme méi bàn de shì, wǒ kěyǐ tì nǐ bàn.

玛丽：这几本书我想送给朋友，来不及叫
Mǎlì: Zhè jǐ běn shū wǒ xiǎng sòng gěi péngyou, lái bu jí jiào

快递了。
kuàidì le.

王兰：发短信或者微信把地址告诉我，我帮
Wáng Lán: Fā duǎnxìn huòzhě wēixìn bǎ dìzhǐ gàosu wǒ, wǒ bāng

你快递给她。
nǐ kuàidì gěi tā.

2

大卫：你来了，我正等着你呢！
Dàwèi: Nǐ lái le, wǒ zhèng děng zhe nǐ ne!

刘京：你的东西收拾好了吗？
Liú Jīng: Nǐ de dōngxi shōushi hǎo le ma?

大卫：马马虎虎。这次又坐火车又坐飞机，特别
Dàwèi: Mǎmahūhū. Zhè cì yòu zuò huǒchē yòu zuò fēijī, tèbié

麻烦。
máfan.

39 不能送你去机场了　空港まで送ることができなくなりました

刘京：是啊，出门跟在家不一样，麻烦事就
Liú Jīng: Shì a, chū mén gēn zài jiā bù yíyàng, máfan shì jiù

　　　是多。这几个包都是要带走的吗？
　　　shì duō. Zhè jǐ ge bāo dōu shì yào dài zǒu de ma?

大卫：是的，都很轻。
Dàwèi: Shì de, dōu hěn qīng.

刘京：四个小包不如两个大包好。
Liú Jīng: Sì ge xiǎo bāo bùrú liǎng ge dà bāo hǎo.

大卫：好主意！
Dàwèi: Hǎo zhúyi!

刘京：我帮你重新弄弄吧。
Liú Jīng: Wǒ bāng nǐ chóngxīn nòngnong ba.

大卫：又给你添麻烦了。
Dàwèi: Yòu gěi nǐ tiān máfan le.

刘京：哪儿的话。
Liú Jīng: Nǎr de huà.

大卫：另外，要是有我的信，请转给我。
Dàwèi: Lìngwài, yàoshi yǒu wǒ de xìn, qǐng zhuǎn gěi wǒ.

刘京：没问题。
Liú Jīng: Méi wèntí.

注释　注釈

❶ 出门跟在家不一样。　出掛けるのは家にいるのと違います。
　这里的"出门"是指离家远行。
　「出门」はここでは家を離れて遠く出かけることを意味する。

❷ 这样用起来方便。　使う時にはとても便利です。
　"用起来"的意思是"用的时候"。
　「用起来」は「用的时候」という意味である。

三 替换与扩展　置き換えと広げる

替换　置き換え

(1) 星期六或者星期天<u>我</u>替<u>你</u>去<u>取照片</u>。

哥哥	我	报名
我	妈妈	接人
我	朋友	交电费

(2) <u>四个小包</u>不如<u>两个大包</u> 好。

这种鞋	那种鞋	结实
这条街	那条街	安静
这种茶	那种茶	好喝

(3) 你还有什么没办的事，我可以<u>替你办</u>。

不了解的情况	给你介绍
不懂的词	帮你翻译
没买的东西	帮你买

扩展　广げる

(1) 我 走 进 病 房 看 他 的 时 候，他 正 安 静 地
　　Wǒ zǒu jìn bìngfáng kàn tā de shíhou, tā zhèng ānjìng de
　　躺 着 呢。
　　tǎng zhe ne.

(2) 离 开 车 还 有 十 分 钟，我 来 不 及 回 去 拿 手 机
　　Lí kāi chē hái yǒu shí fēnzhōng, wǒ lái bu jí huí qu ná shǒujī
　　了，麻 烦 你 替 我 关 一 下 儿。
　　le, máfan nǐ tì wǒ guān yíxiàr.

39 不能送你去机场了 空港まで送ることができなくなりました

四 生词 新出単語

1	替	tì	介	……のかわりに
2	叫	jiào	动	呼び,頼む
3	快递	kuàidì	名	速達
4	不如	bùrú	动	……に及ばない
5	添	tiān	动	付け加える
6	乱	luàn	形	混乱する,みだれる
7	手提包	shǒutíbāo	名	ハンドバッグ
8	随身	suíshēn	形	身のまわりにつけて,携帯して
9	或者	huòzhě	连	あるいは,または
10	特别	tèbié	副	特別である,とても
11	轻	qīng	形	軽い
12	主意	zhúyi/zhǔyi	名	考え,意見
13	重新	chóngxīn	副	新たに,また,再び
14	另外	lìngwài	连/副	それから;別に,ほかに
15	转	zhuǎn	动	渡す,転送する
16	报名	bào míng		申し込む
17	鞋	xié	名	靴
18	结实	jiēshi	形	丈夫
19	街	jiē	名	通り,街
20	安静	ānjìng	形	静かである
21	了解	liǎojiě	动	分かる
22	病房	bìngfáng	名	病室,病棟

五 语法 文法

1. 动作的持续与进行　動作の持続と進行

动作的持续一般也就意味着动作正在进行，所以"着"常和"正在""正""在""呢"等词连用。例如：
動作の持続は動作が進行していることを意味しているので、「着」は「正在」、「正」、「在」、「呢」などの単語と一緒に使うことが多い。例えば、

① 我正等着你呢。　　② 外边下着雨呢。
③ 我去的时候，他正躺着看杂志呢。

2. 用"不如"表示比较　「不如」を用いる比較文

"A 不如 B"的意思是"A 没有 B 好"。例如：
「A 不如 B」は「A は B ほどよくない」という意味である。例えば、

① 我的汉语水平不如他高。　② 这个房间不如那个房间干净。

六 练习　練習

1. 用"还是"或"或者"填空　「还是」あるいは「或者」を用い、空白を埋めなさい

（1）你这星期走＿＿＿＿＿下星期走？

（2）你坐飞机去＿＿＿＿＿坐火车去？

（3）今天＿＿＿＿＿明天，我去看你。

（4）这次旅行，我们先去上海＿＿＿＿＿先去桂林？

（5）我们走着去＿＿＿＿＿骑自行车去，别坐公共汽车，公共汽车人太多。

（6）现在，我们收拾行李＿＿＿＿＿去和同学们告别？

39 不能送你去机场了 空港まで送ることができなくなりました

2. 用"不如"改写下面的句子 「不如」を用い、次の文を書き直しなさい

(1) 她的手提包比我的漂亮。
→ _____

(2) 北京的春天冷,我们那儿的春天暖和。
→ _____

(3) 那个公园的人太多,这个公园安静。
→ _____

(4) 你的主意好,小王的主意不太好。
→ _____

3. 用"替"完成句子 「替」を用い、次の文を完成しなさい

(1) 今天有我一个包裹,可是现在我有事。你去邮局的话,请 _____,好吗?

(2) 我也喜欢这种糖,你去买东西的时候,_____。

(3) 现在我出去一下儿,要是有电话来 _____。

(4) 我头疼,不去上课了,你看见老师的时候,_____。

4. 完成对话 次の会話文を完成しなさい

A:小刘,你去广州出差,_____?

刘:是的,_____?

B:没事。广州比这儿热得多,你要 _____!

刘:谢谢!_____,给你们带一些水果。

A:不用了,这儿 _____。

刘:不一样,这儿的 _____ 新鲜(xīnxiān,新鮮である)。

B:那先谢谢你了!

送别 193

5. 会话　会话の練習をしなさい

你的中国朋友要去你们国家留学，你去宿舍看他/她，两人会话。
あなたの中国人の友達がまもなくあなたの国へ留学に行く。彼の部屋に行った時の二人の会話。

提示　准备的情况怎样，需要什么帮助，介绍你们国家的一些情况。
ヒント　準備はどうですか。何か手伝うことがありますか。そちらの状況を紹介してあげる。

6. 听后复述　聞いてから述べる

　　尼娜今天要回国，我们去她的宿舍看她。她把行李都收拾好了，正等出租车呢。我看见墙上还挂着她的大衣，问她是不是忘了，她说不是，走的时候再穿。问她没用完的人民币换了没有，她说到机场换。这样我们就放心了。出租车一到，我们就帮她拿行李，送她上了车。

7. 语音练习　発音練習

(1) 常用音节练习　常用音節練習

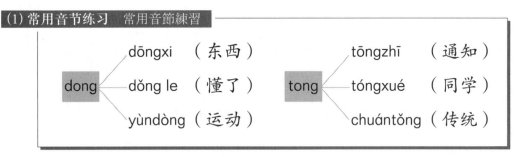

(2) 朗读会话　次の会話文を読みなさい

A: À, nǐmen dōu zài zhèr ne!

B: Wǒmen yě shì gāng lái.

C: Nǐmen dōu lái gěi wǒ sòng xíng, zhēn guò yì bú qù.

B: Lǎo péngyou bù néng bú sòng.

A: Shì a, zhēn shěbudé nǐ.

C: Xièxie dàjiā.

A、B: Zhù nǐ yílù（道中）shùnlì!

sòngxíng
送行（2）
送別

40 祝你一路平安
道中ご無事で

一 句子 基本文

293
离起飞还早呢。
Lí qǐfēi hái zǎo ne.
離陸までまだずいぶん時間がありますよ。

294
你快坐下，喝点儿冷饮吧。
Nǐ kuài zuò xia, hē diǎnr lěngyǐn ba.
どうぞ腰をかけて、冷たい物でも飲んでください。

295
你没把护照放在箱子里吧？
Nǐ méi bǎ hùzhào fàng zài xiāngzi li ba?
パスポートをトランクの中に入れなかったでしょうね。

296
一会儿还要办出境手续呢。
Yìhuǐr hái yào bàn chū jìng shǒuxù ne.
のちほど出国の手続きをやらなければなりませんよ。

297
一路上多保重。
Yílù shang duō bǎozhòng.
道中くれぐれもお体に気をつけてください。

298
希望你常跟我们联系。
Xīwàng nǐ cháng gēn wǒmen liánxì.
私達と常に連絡を取るようにお願いします。

| 299 | 你可别把我们忘了。
Nǐ kě bié bǎ wǒmen wàng le.
決して私たちを忘れないでください。 |

| 300 | 我到了那儿，就给你们发微信。
Wǒ dào le nàr, jiù gěi nǐmen fā wēixìn.
むこうに着いたら、すぐあなたたちにお電話します。 |

| 301 | 祝你一路平安！ 道中のご無事をお祈りしています。
Zhù nǐ yílù píng'ān! |

二 会话 会話

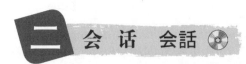

1

刘京：离起飞还早呢。
Liú Jīng: Lí qǐfēi hái zǎo ne.

玛丽：我们去候机室坐一会儿。
Mǎlì: Wǒmen qù hòujīshì zuò yìhuǐr.

王兰：张丽英还没来。
Wáng Lán: Zhāng Lìyīng hái méi lái.

刘京：你看，她跑来了。
Liú Jīng: Nǐ kàn, tā pǎo lai le.

丽英：车太挤，耽误了时间，我来晚了。
Lìyīng: Chē tài jǐ, dānwu le shíjiān, wǒ lái wǎn le.

刘京：不晚，你来得正合适。
Liú Jīng: Bù wǎn, nǐ lái de zhèng héshì.

王兰：哎呀，你跑得都出汗了。
Wáng Lán: Āiyā, nǐ pǎo de dōu chū hàn le.

玛丽: 快坐下，喝点儿冷饮吧。
Mǎlì: Kuài zuò xia, hē diǎnr lěngyǐn ba.

刘京: 你没把护照放在箱子里吧？
Liú Jīng: Nǐ méi bǎ hùzhào fàng zài xiāngzi li ba?

玛丽: 我随身带着呢。
Mǎlì: Wǒ suíshēn dài zhe ne.

王兰: 你该进去了。
Wáng Lán: Nǐ gāi jìn qu le.

丽英: 一会儿还要办出境手续呢。
Lìyīng: Yìhuǐr hái yào bàn chū jìng shǒuxù ne.

2

王兰: 给你行李，拿好。准备海关检查。
Wáng Lán: Gěi nǐ xíngli, ná hǎo. Zhǔnbèi hǎiguān jiǎnchá.

丽英: 一路上多保重。
Lìyīng: Yílù shang duō bǎozhòng.

刘京: 希望你常跟我们联系。
Liú Jīng: Xīwàng nǐ cháng gēn wǒmen liánxì.

王兰: 你可别把我们忘了。
Wáng Lán: Nǐ kě bié bǎ wǒmen wàng le.

玛丽: 不会的。我到了那儿
Mǎlì: Bú huì de. Wǒ dào le nàr

就给你们发微信。
jiù gěi nǐmen fā wēixìn.

刘京: 向你全家人问好！
Liú Jīng: Xiàng nǐ quán jiā rén wèn hǎo!

王兰: 问安妮小姐好！
Wáng Lán: Wèn Ānnī xiǎojiě hǎo!

大家：祝你一路平安！
Dàjiā: Zhù nǐ yílù píng'ān!

玛丽：再见了！
Mǎlì: Zàijiàn le!

大家：再见！
Dàjiā: Zàijiàn!

三 替换与扩展　置き換えと広げる

替换　置き換え

(1) 你没把<u>护照</u> <u>放</u>在<u>箱子里</u>吧？

帽子	忘	汽车上
钥匙	锁	房间里
牛奶	放	冰箱里

(2) 你可别把<u>我们</u> <u>忘</u>了。

这件事	耽误
这支笔	丢
那句话	忘

(3) 希望你<u>常来信</u>。

| 认真学习 |
| 好好考虑 |
| 继续进步 |
| 努力工作 |

40 祝你一路平安 | 道中ご無事で

扩展　広げる

（1）今天我们下了班就去看展览了。
　　Jīntiān wǒmen xià le bān jiù qù kàn zhǎnlǎn le.

（2）昨天我没上班，我去接朋友了。我去
　　Zuótiān wǒ méi shàng bān, wǒ qù jiē péngyou le. Wǒ qù
　　的时候，他正在办入境手续。
　　de shíhou, tā zhèngzài bàn rù jìng shǒuxù.

四　生词　新出単語

1	冷饮	lěngyǐn	名	冷たい飲み物
2	出境	chū jìng		出国する
3	一路	yílù	名	道中
4	保重	bǎozhòng	动	体を大事にする
5	希望	xīwàng	动/名	希望する；希望
6	可	kě	副	決して，絶対に
7	平安	píng'ān	形	安全
8	候机室	hòujīshì	名	空港の待合室
9	跑	pǎo	动	走る
10	挤	jǐ	形/动	ぎっしり詰まる；押し出す
11	耽误	dānwu	动	遅らせる
12	合适	héshì	形	ちょうどよい，ぴったりする
13	汗	hàn	名	汗
14	海关	hǎiguān	名	税関

送别　199

15	问好	wèn hǎo		ご機嫌を伺う
16	帽子	màozi	名	ぼうし
17	牛奶	niúnǎi	名	ミルク
18	认真	rènzhēn	形	真面目に
19	考虑	kǎolǜ	动	考える
20	进步	jìnbù	动	進歩する
21	努力	nǔlì	形	努力する，頑張る
22	下班	xià bān		退勤する，仕事が終わる
23	展览	zhǎnlǎn	动/名	展示する；展示会
24	上班	shàng bān		出勤する，仕事が始まる
25	入境	rù jìng		入国する

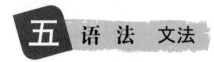
专名　固有名詞

安妮	Ānnī	アニー（人名）

五　语法　文法

1. "把"字句（3）　「把」文（3）

（1）"把"字句的否定形式是在"把"之前加否定副词"没"或"不"。例如：
「把」文の否定形は「把」の前に否定副詞「不」あるいは「没有」を入れて作る。例えば、

① 安娜没把这课练习做完。

② 他没把那件事告诉小张。

③ 今天晚上不把这本小说看完，我就不休息。
④ 你不把书带来怎么上课？

（2）如有时间状语，也必须放在"把"之前。例如：
時間を表す連用修飾語があれば、それを「把」の前に置かなければならない。例えば、

⑤ 我明天一定把照片带来。
⑥ 小王昨天没把开会的时间通知大家。

2. "……了……就……" 慣用句「……了……就……」

表示一个动作完成紧接着发生第二个动作。例如：
一つの動作・行為が終わると、すぐ次の動作・行為が発生することを表す。例えば、

① 昨天我们下了课就去参观了。
② 他吃了饭就去外边散步了。
③ 明天我吃了早饭就去公园。

六 练习 練習

1. 熟读下列短语并选择几个造句
   次の連語をよく読み、いくつか選んで文を作りなさい

耽误学习	进步很大	很合适	努力工作
耽误时间	有进步	不合适	很努力
耽误了两天课	学习进步	合适的时间	继续努力

2. 用"希望"完成句子　「希望」を用い、次の文を完成しなさい

　　（1）这次考试_____。

　　（2）你回国以后_____。

　　（3）你在医院要听大夫的话，好好儿休息。_____。

　　（4）爸爸妈妈都_____。

　　（5）我第一次来中国，_____。

　　（6）这次旅行_____。

3. 给下面的词语选择适当的位置
　　括弧の中の言葉をそれぞれの文の中の入るべきところに入れなさい

　　（1）她昨天 A 把 B 练习 C 做完。（没）

　　（2）他 A 今天晚上 B 把这张画儿 C 画完，就不休息。（不）

　　（3）昨天我们下 A 课 B 就去 C 参观 D。（了）

　　（4）他每天吃 A 饭 B 就去 C 外边散步。（了）

4. 选择适当的词语填空　次の言葉から適切なものを選んで、空白を埋めなさい

平安　特别　一边……一边……　演　替　为　希望　要……了

　　尼娜_____回国_____，我们_____她开了一个欢送会。那天_____热闹，同学们_____谈话_____喝茶，还_____了不少节目。我们说_____她回国以后常来信，而且_____我们向她全家问好，祝她一路_____。

5. 完成对话　次の会話文を完成しなさい

　　A：小李，你这次出差去多长时间？

　　B：_____。

A：出差很累，你要＿＿＿＿＿＿＿＿＿＿＿＿＿。

B：谢谢，我一定注意。你要买什么东西吗？

A：不买。太麻烦了。

B：＿＿＿＿＿＿＿＿＿＿＿＿＿，我可以顺便给你带回来。

A：不用了。祝你＿＿＿＿＿＿＿＿＿＿＿＿＿！

B：谢谢！

6. 会话　会話の練習をしなさい

谈谈你来中国的时候，朋友或家里人给你送行的情况。

中国に来る前、家族の人や友達があなたを見送ってくれた時のことを話しなさい。

7. 听后复述　聞いてから述べる

　　妹妹这一次出远门，要到英国（Yīngguó，イギリス）去留学。我们全家送她到机场。她有两件行李，我和爸爸替她拿。妈妈很不放心，让她路上要注意安全，别感冒，到了英国就来电话，把那儿的情况告诉我们。爸爸说妈妈说得太多了，妹妹已经不是小孩子了，应该让她到外边锻炼锻炼。妈妈说："俗话（súhuà，俗語）说，'儿行千里母担忧'（ér xíng qiānlǐ mǔ dānyōu，子供が遠くでかけている時、母親がいつも子供のことを心配する）。孩子到那么远的地方去，我当然不放心。怎么能不说呢？"

8. 语音练习　発音練習

(1) 常用音节练习　常用音節練習

(2) 朗读会话　次の会話文を読みなさい

A: Kàn yíxiàr nín de hùzhào hé jīpiào.

B: Zěnme tuōyùn xíngli?

A: Nín xiān tián yíxiàr zhè zhāng biǎo.

B: Tián wán le.

A: Gěi nín hùzhào hé jīpiào, nín kěyǐ qù tuōyùn xíngli le.

B: Hǎo, xièxie!

复习（八）

复習（八）

一 会话 会話

1

〔汉斯（Hànsī, ハンス）和小王是好朋友。现在汉斯要回国了，小王送他到火车站〕

王：我们进站去吧。

汉斯：你就送到这儿，回去吧。

王：不，我已经买了站台（zhàntái, プラットホーム）票了。来，你把箱子给我，我帮你拿。

汉斯：我拿得动。

王：别客气。你拿手提包，我拿箱子。你看，这就是国际列车（guójì lièchē, 國際列車）。

汉斯：我在9号车厢（chēxiāng, 車両）。

王：前边的车厢就是。

2

王：汉斯，箱子放在行李架（xínglijià, 荷物棚）上。

汉斯：这个手提包也要放在行李架上吗？

王：这个包放在座位下边，拿东西方便一些。

汉斯：现在离开车还早，你坐一会儿吧。

王：你的护照放在身边没有？

汉斯：哟（yō，おや）！我的护照怎么没有了？

王：别着急，好好儿想想，不会丢了吧？

汉斯：对了！放在手提包里了。你看，我的记性（jìxing，記憶力）真坏。

王：马上就要开车了，我下去了。你到了就跟我联系。

汉斯：一定。

王：问你家里人好！祝你一路平安！

汉斯：谢谢！再见！

二 语法 文法

（一）动词的态　動詞の態

1. 动作即将发生　動作・行為が「もうまもなく～する」

动作即将发生，可以用"要……了""快要……了"或"就要……了"来表示。例如：
動作・行為がもうすぐ発生することは「要……了」、「快要……了」、「就要……了」を用いて表す。例えば、

> ① 飞机就要起飞了。　　② 快要到北京了。
> ③ 明天就要放假了。　　④ 他要考大学了。

2. 动作的进行　動作・行為が進行中

动作的进行，可用"正在""正""在""呢"或"正（在）……呢"等表示。例如：
動作・行為が進行中であることは「正在」、「正」、「在」「呢」あるいは「（正）在……呢」を用いて表す。例えば、

> ① 我正在看报呢。　　② 他正跳舞呢。
> ③ A：你在写毛笔字吗？
> 　　B：我没写毛笔字，我画画儿呢。

3. 动作或状态的持续　動作・状態の継続

动作或状态的持续，可用"着"表示，否定形式用"没有……着"。例如：
動作・状態が持続していることは「着」を用いて表す。否定形は「没有……着」を用いて表す。例えば、

> ① 墙上挂着几张照片。
> ② 桌子上放着花儿，花儿旁边放着几本书。
> ③ 他一边唱着歌，一边洗着衣服。
> ④ 通知上没写着他的名字。

4. 动作的完成　動作・行為の完了

动作的完成可以用动态助词"了"表示。否定形式用"没（有）"。例如：
動作・行為が完了したことは動態助詞「了」を用いて表すことができる。否定形は「没（有）」を用いて表す。例えば、

> ① 我看了一个电影。　　② 我买了两支铅笔。
> ③ 他喝了一杯茶。　　　④ 他没喝咖啡。

5. 过去的经历　過去の経験

过去的经历用"过"表示。否定形式是"没有……过"。例如：
今まで経験したことは「过」を用いて表す。否定形は「没有……过」を用いて表す。例えば、

> ① 我去过上海。　　　② 他以前学过汉语。
> ③ 他还没吃过烤鸭呢。

（二）几种特殊的动词谓语句　特別な動詞述語文

1. "是"字句　「是」文

> ① 他是我的同学。　　② 前边是一个中学，不是大学。
> ③ 那个电视机是新的。

2. "有"字句　「有」文

①我有汉语书，没有法语书。　②我有哥哥，没有妹妹。

③他有很多小说和杂志。

3. "是……的"句　「是……的」文型

"是……的"句用来强调动作的时间、地点或方式等。例如：
「是……的」文型を用いて動作・行為が発生した時間、場所、手段などを強調して説明する文。例えば、

①他妹妹是昨天到这儿的。　②他是从欧洲来的。

③我是坐飞机去上海的。

④那本杂志是从李红那儿借来的。

4. 存现句　存現文

①床旁边放着一个衣柜。　②那边走过来一个人。

③我们班走了两个美国同学。　④桌子上有一本书。

5. 连动句　連動文

①我去商店买东西。　②我有一个问题要问你。

③我没有钱花了。　④他们去医院看一个病人。

6. 兼语句　兼語文

①老师让我们听录音。　②他请我吃饭。

③外边有人找你。

7. "把"字句　「把」文

①他把信给玛丽了。　②他想把这件事告诉小王。

③别把东西放在门口。　④他没把那本小说还给小刘。

⑤她把孩子送到医院了。

三 练习　練習

1. 按照实际情况回答问题　事実に基づいて次の問題に答えなさい

（1）你回国的时候，怎么向中国朋友和中国老师告别？
　　（在中国学习、生活觉得怎么样，怎么感谢他们的帮助等等）

（2）你参加过什么样的告别活动？
　　（欢送会、吃饭、照相、演节目等等）

2. 会话　会話の練習をしなさい

（1）告别　別れを告げる

> 我来向你告别。　　　　　　日子过得真快。
> 我要……了。　　　　　　　哪天走？
> 谢谢你对我的照顾。　　　　真舍不得啊！
> 给你们添了不少麻烦。　　　对你的照顾很不够。
> 不用送。　　　　　　　　　你太客气了。
> 　　　　　　　　　　　　　哪儿的话！
> 　　　　　　　　　　　　　没什么。
> 　　　　　　　　　　　　　不用谢。
> 　　　　　　　　　　　　　准备得怎么样了？
> 　　　　　　　　　　　　　……都收拾好了吗？
> 　　　　　　　　　　　　　我帮你……

（2）送行　見送る

> 祝你一路平安！　　　　　　路上多保重。
> 问……好！　　　　　　　　希望你常来信。

汉语会话 301 句 下册

(3) 托运　託送する

> 这儿能托运吗？　　　　　运什么？
> 可以海运吗？　　　　　　运到哪儿？
> 要多长时间？　　　　　　您的地址、姓名？
> 运费怎么算？　　　　　　请填一下儿表。
> 　　　　　　　　　　　　按照……收费。

3. 完成对话　次の会話文を完成しなさい

A：你什么时候走？

B：_____。

A：_____？

B：都托运了。谢谢你的照顾。

A：_____，照顾得很不够。

B：_____。

A：我一定转告。请问你们全家好。

B：_____，我也一定转告。

A：祝你_____！再见！

B：_____。

4. 语音练习　発音練習

(1) 声调练习：第一声+第四声　声調練習：第1声＋第4声

　　bāngzhù　　（帮助）

　　xiānghù bāngzhù　　（相互帮助）

　　xīwàng xiānghù bāngzhù　　（希望相互帮助）

（2）朗读会话　次の会話文を読みなさい

A: Wǒ kuài huí guó le, jīntiān lái xiàng nǐ gào bié.

B: Shíjiān guò de zhēn kuài! Shénme shíhou zǒu?

A: Hòutiān xiàwǔ liǎng diǎn bàn.

B: Xīwàng wǒmen yǐhòu hái néng jiàn miàn.

A: Xièxie nǐ hé dàjiā duì wǒ de zhàogù.

B: Nǎr de huà, nǐ tài kèqi le. Hòutiān wǒ qù sòng nǐ.

A: Búyòng sòng le.

B: Bié kèqi.

四　阅读短文　次の短い文章を読みなさい

　　今天晚上有中美两国的排球（páiqiú，バレーボール）赛。这两个国家的女排打得都很好。我很想看，可是买不到票，只能在宿舍看电视了。

　　这次比赛非常精彩。两局（jú，セット）的结果（jiéguǒ，結果）是1比1。现在是第三局，已经打到12比12了，很快就能知道结果了。正在这时候，王兰走了进来，告诉我有两个美国人在楼下大厅等我，他们是刚从美国来的。我不能看排球赛了，真可惜！

　　我一边走一边想，这两个人是谁呢？对了，姐姐发来电子邮件说，她有两个朋友要来北京，问我要带什么东西。很可能就是我姐姐的朋友来了。

　　我来到大厅一看，啊！是我姐姐和她的爱人。我高兴极了。马上又问她："你们来，为什么不告诉我？"他们两个都笑了。姐姐说："要是先告诉你，就没有意思了。"

词汇表　単語表

	A		
安静	ānjìng	形	39
安全	ānquán	形	27
按照	ànzhào	介	38

	B		
把	bǎ	介	34
白	bái	形	24
班	bān	名	26
搬	bān	动	38
办	bàn	动	31
办法	bànfǎ	名	32
办公	bàn gōng		38
半路	bànlù	名	23
帮忙	bāng máng		32
帮助	bāngzhù	动	21
包	bāo	名	33
包裹	bāoguǒ	名	38
包子	bāozi	名	30
保证	bǎozhèng	动	35
保重	bǎozhòng	动	40
报	bào	名	21
报名	bào míng		39
抱歉	bàoqiàn	形	23
被	bèi	介	35
比	bǐ	介	28
比较	bǐjiào	副	30
比赛	bǐsài	动/名	29
笔试	bǐshì	名	26
冰	bīng	名	28
冰箱	bīngxiāng	名	30
病	bìng	名/动	27
病房	bìngfáng	名	39
病人	bìngrén	名	35
博物馆	bówùguǎn	名	31
不但……而且……	búdàn……érqiě……		38
不要	búyào	副	27
不如	bùrú	动	39
布置	bùzhì	动	25

	C		
才	cái	副	23
参观	cānguān	动	21
参加	cānjiā	动	21
餐厅	cāntīng	名	33
查	chá	动	30
唱	chàng	动	21
超重	chāo zhòng		38
衬衫	chènshān	名	33

趁	chèn	介	36		戴	dài	动	35
成绩	chéngjì	名	26		耽误	dānwu	动	40
城市	chéngshì	名	31		蛋糕	dàngāo	名	26
迟到	chídào	动	27		当	dāng	动	30
充电	chōng diàn		24		导游	dǎoyóu	名	30
重新	chóngxīn	副	39		倒	dǎo	动	35
抽	chōu	动	27		地	de	助	33
出差	chū chāi		24		的话	dehuà	助	38
出境	chū jìng		40		得	děi	能愿	27
出门	chū mén		24		灯	dēng	名	34
出院	chū yuàn		34		低	dī	形	28
除了……以外	chúle……yǐwài		30		地	dì	名	24
					地址	dìzhǐ	名	37
窗户	chuānghu	名	24		电梯	diàntī	名	23
窗口	chuāngkǒu	名	32		电影院	diànyǐngyuàn	名	23
春天	chūntiān	名	28		丢	diū	动	29

D

					冬天	dōngtiān	名	28
打开	dǎ kāi		26		动	dòng	动	38
打扰	dǎrǎo	动	36		动车	dòngchē	名	31
打算	dǎsuàn	动/名	36		度	dù	量	28
打听	dǎting	动	38		锻炼	duànliàn	动	34
打针	dǎ zhēn		34		队	duì	名	29
打字	dǎ zì		30		对不起	duìbuqǐ	动	23
大使馆	dàshǐguǎn	名	38					

E

饿	è	形	33

| 大厅 | dàtīng | 名 | 32 |

	F		
发烧	fā shāo		34
发音	fāyīn	名	30
方便	fāngbiàn	形	25
方便面	fāngbiànmiàn	名	35
房卡	fángkǎ	名	33
放	fàng	动	25
放假	fàng jià		29
放心	fàng xīn		30
非常	fēicháng	副	31
分	fēn	名	26
风	fēng	名	24
风景	fēngjǐng	名	31
封	fēng	量	22
父亲	fùqin	名	30
复习	fùxí	动	22

	G		
该	gāi	动	37
感冒	gǎnmào	动/名	27
刚	gāng	副	22
刚才	gāngcái	名	21
高	gāo	形	22
高速公路	gāosù gōnglù		38
高铁	gāotiě	名	31
告别	gào bié		36

歌	gē	名	21
个子	gèzi	名	22
各	gè	代	31
更	gèng	副	25
狗	gǒu	名	26
够	gòu	动	36
姑娘	gūniang	名	22
顾客	gùkè	名	38
刮	guā	动	28
挂	guà	动	32
关	guān	动	24
光盘	guāngpán	名	23
广告	guǎnggào	名	32
国际	guójì	形	38
过意不去	guò yì bú qù		36

	H		
海关	hǎiguān	名	40
海运	hǎiyùn	动	38
汗	hàn	名	40
好几	hǎojǐ	数	22
好久	hǎojiǔ	形	36
合适	héshì	形	40
盒子	hézi	名	26
黑	hēi	形	35
黑板	hēibǎn	名	37

红	hóng	形	24		价目表	jiàmùbiǎo	名	38
后天	hòutiān	名	30		检查	jiǎnchá	动	32
候机室	hòujīshì	名	40		见	jiàn	动	24
护照	hùzhào	名	32		见面	jiàn miàn		22
花瓶	huāpíng	名	24		交流	jiāoliú	动	38
滑	huá	动	28		交通	jiāotōng	名	27
画	huà	动	25		教	jiāo	动	29
画儿	huàr	名	25		叫	jiào	动	39
话	huà	名	29		结实	jiēshi	形	39
坏	huài	形	23		街	jiē	名	39
欢送	huānsòng	动	37		节目	jiémù	名	37
欢送会	huānsònghuì	名	37		借	jiè	动	23
还	huán	动	23		进步	jìnbù	动	40
黄	huáng	形	24		精彩	jīngcǎi	形	37
回答	huídá	动	29		久	jiǔ	形	23
会	huì	名	22		旧	jiù	形	28
或者	huòzhě	连	39		句子	jùzi	名	22
	J				觉得	juéde	动	25
机会	jīhui	名	36			**K**		
急	jí	形	24		开	kāi	动	21
挤	jǐ	形/动	40		开发	kāifā	动	31
计划	jìhuà	名/动	31		开始	kāishǐ	动	34
记	jì	动	30		看样子	kàn yàngzi		35
技术	jìshù	名	27		考	kǎo	动	26
继续	jìxù	动	36		考虑	kǎolǜ	动	40

咳嗽	késou	动	27		量	liáng	动	34
可	kě	副	40		聊天儿	liáo tiānr		36
可爱	kě'ài	形	26		了	liǎo	动	26
可能	kěnéng	能愿/形	23		了解	liǎojiě	动	39
可是	kěshì	连	22		另外	lìngwài	连/副	39
可惜	kěxī	形	24		留	liú	动	37
渴	kě	形	33		录音笔	lùyīnbǐ	名	23
空儿	kòngr	名	22		旅行	lǚxíng	动	29
口试	kǒushì	名	26		旅游	lǚyóu	动	37
裤子	kùzi	名	33		乱	luàn	形	39
快递	kuàidì	名	39		乱七八糟	luànqībāzāo		24
快乐	kuàilè	形	26		M			
L					马路	mǎlù	名	27
来不及	lái bu jí		31		马马虎虎	mǎmahūhū	形	25
来得及	lái de jí		31		马上	mǎshàng	副	24
篮球	lánqiú	名	29		嘛	ma	助	25
老	lǎo	形	36		卖	mài	动	32
冷饮	lěngyǐn	名	40		毛笔	máobǐ	名	29
离开	lí kāi		36		帽子	màozi	名	40
礼堂	lǐtáng	名	32		没关系	méi guānxi		23
礼物	lǐwù	名	24		每	měi	代	27
里边	lǐbian	名	21		美	měi	形	25
联系	liánxì	动	24		门	mén	名	26
练	liàn	动	29		门口	ménkǒu	名	21
凉快	liángkuai	形	28		们	men	尾	36

密码	mìmǎ	名	33		气温	qìwēn	名	28
面包	miànbāo	名	35		铅笔	qiānbǐ	名	25
名胜古迹	míngshèng gǔjì		31		签名	qiān míng		33
墨镜	mòjìng	名	35		签证	qiānzhèng	名	32

N

					钱包	qiánbāo	名	32
那么	nàme	代	36		墙	qiáng	名	37
难	nán	形	26		巧	qiǎo	形	22
能力	nénglì	名	30		轻	qīng	形	39
年纪	niánjì	名	37		清楚	qīngchu	形	30
牛奶	niúnǎi	名	40		情况	qíngkuàng	名	34
弄	nòng	动	23		秋天	qiūtiān	名	28
努力	nǔlì	形	40		区	qū	名	31
女朋友	nǚpéngyou	名	22		取	qǔ	动	38
暖和	nuǎnhuo	形	28		取得	qǔdé	动	37

P

					全	quán	形/副	26
					裙子	qúnzi	名	33

R

爬	pá	动	29					
胖	pàng	形	28					
跑	pǎo	动	40		然后	ránhòu	连	31
跑步	pǎo bù		29		让	ràng	动	23
陪	péi	动	22		热闹	rènao	形	31
漂亮	piàoliang	形	22		热情	rèqíng	形	37
平安	píng'ān	形	40		人民	rénmín	名	34
普通话	pǔtōnghuà	名	30		认真	rènzhēn	形	40

Q

					日子	rìzi	名	36
起来	qǐ lai		38		容易	róngyì	形	25

入境	rù jìng		40
软卧	ruǎnwò	名	32

S

散步	sàn bù		29
嗓子	sǎngzi	名	34
沙发	shāfā	名	35
山	shān	名	29
伤	shāng	名/动	34
上班	shàng bān		40
舍不得	shěbudé	动	37
深	shēn	形	37
什么的	shénmede	助	35
圣诞节	Shèngdàn Jié	名	21
实习	shíxí	动	37
事故	shìgù	名	27
收拾	shōushi	动	30
手	shǒu	名	25
手表	shǒubiǎo	名	25
手术	shǒushù	名	34
手提包	shǒutíbāo	名	39
手续	shǒuxù	名	36
受	shòu	动	34
瘦	shòu	形	28
舒服	shūfu	形	27
输入	shūrù	动	33

树	shù	名	35
摔	shuāi	动	24
水果	shuǐguǒ	名	31
水平	shuǐpíng	名	37
顺便	shùnbiàn	副	31
死	sǐ	动/形	33
算	suàn	动	38
虽然……但是……	suīrán……dànshì……		37
随身	suíshēn	形	39
碎	suì	形	24
锁	suǒ	动/名	34

T

太极拳	tàijíquán	名	29
谈	tán	动	30
糖	táng	名	35
躺	tǎng	动	29
讨论	tǎolùn	动	32
特别	tèbié	副	39
疼	téng	形	27
踢	tī	动	29
提高	tígāo	动	30
体温	tǐwēn	名	34
替	tì	介	39
添	tiān	动	39

填表	tián biǎo		33
跳舞	tiào wǔ		21
贴	tiē	动	37
停	tíng	动	32
通讯	tōngxùn	名	37
通知	tōngzhī	动/名	21
同学	tóngxué	名	22
痛快	tòngkuai	形	33
头	tóu	名	27
图书馆	túshūguǎn	名	32
退	tuì	动	32
托运	tuōyùn	动	38

W

晚会	wǎnhuì	名	21
忘	wàng	动	24
微信	wēixìn	名	26
喂	wéi/wèi	叹	21
为了	wèile	介	38
位	wèi	量	21
温度	wēndù	名	28
文件	wénjiàn	名	34
问好	wèn hǎo		40
问题	wèntí	名	26
舞会	wǔhuì	名	21

X

希望	xīwàng	动/名	40
习惯	xíguàn	动/名	27
洗衣机	xǐyījī	名	30
洗澡	xǐ zǎo		33
系	xì	名	21
下	xià	动	28
下班	xià bān		40
下载	xiàzài	动	36
夏天	xiàtiān	名	28
箱子	xiāngzi	名	33
向	xiàng	介	36
小吃	xiǎochī	名	31
小时	xiǎoshí	名	30
小说	xiǎoshuō	名	23
些	xiē	量	25
鞋	xié	名	39
新婚	xīnhūn	动	26
新年	xīnnián	名	21
新闻	xīnwén	名	36
信用卡	xìnyòngkǎ	名	31
行李	xíngli	名	32
幸福	xìngfú	形/名	26
修	xiū	动	23
雪	xuě	名	28

	Y		
烟	yān	名	27
研究生	yánjiūshēng	名	36
颜色	yánsè	名	25
眼镜	yǎnjìng	名	35
眼睛	yǎnjing	名	34
样子	yàngzi	名	25
药	yào	名	27
要是	yàoshi	连	25
钥匙	yàoshi	名	29
一……就……	yī……jiù……		34
衣柜	yīguì	名	25
医院	yīyuàn	名	27
一定	yídìng	副	21
一路	yílù	名	40
遗憾	yíhàn	形	24
已经	yǐjīng	副	36
以内	yǐnèi	名	32
椅子	yǐzi	名	33
一边……一边……	yìbiān……yìbiān……		36
因为	yīnwèi	连	36
英文	Yīngwén	名	23
硬卧	yìngwò	名	32

用	yòng	动	23
游	yóu	动	29
游览	yóulǎn	动	31
游泳	yóu yǒng	动	29
有的	yǒude	代	36
有点儿	yǒudiǎnr	副	27
有名	yǒumíng	形	31
有时候	yǒu shíhou		28
又	yòu	副	25
右边	yòubian	名	37
雨	yǔ	名	28
语法	yǔfǎ	名	30
预报	yùbào	动/名	28
预订	yùdìng	动	32
预习	yùxí	动	30
原谅	yuánliàng	动	23
圆珠笔	yuánzhūbǐ	名	31
约	yuē	动	23
约会	yuēhuì	名/动	22
越来越……	yuè lái yuè……		37
运	yùn	动	38
运动	yùndòng	名/动	29
运费	yùnfèi	名	38

	Z						
杂志	zázhì	名	35	中心	zhōngxīn	名	38
再说	zàishuō	动	22	终于	zhōngyú	副	33
脏	zāng	形	23	重	zhòng	形	34
糟糕	zāogāo	形	24	周末	zhōumò	名	35
展览	zhǎnlǎn	动/名	40	主意	zhúyi/zhǔyi	名	39
站	zhàn	动	29	住院	zhù yuàn		34
张	zhāng	动	34	注意	zhùyì	动	27
着急	zháojí	形	35	祝	zhù	动	26
照顾	zhàogù	动	36	祝贺	zhùhè	动	26
这么	zhème	代	25	转	zhuǎn	动	39
着	zhe	助	32	转告	zhuǎngào	动	21
正	zhèng	副	22	撞	zhuàng	动	35
正在	zhèngzài	副	21	准备	zhǔnbèi	动	36
支	zhī	量	23	准时	zhǔnshí	形	35
只	zhī	量	26	桌子	zhuōzi	名	25
直达车	zhídáchē	名	32	自己	zìjǐ	代	25
只要……就……	zhǐyào……jiù……		33	足球	zúqiú	名	29
				嘴	zuǐ	名	34
				最近	zuìjìn	名	35
中文	Zhōngwén	名	21	左边	zuǒbian	名	37

专有名词 固有名詞

安妮	Ānnī	40	欧洲	Ōuzhōu	36
广东	Guǎngdōng	29	浦东	Pǔdōng	31
广州	Guǎngzhōu	30	人民医院	Rénmín Yīyuàn	34
桂林	Guìlín	31	香港	Xiānggǎng	30
李红	Lǐ Hóng	21	友谊宾馆	Yǒuyì Bīnguǎn	21
南京路	Nánjīng Lù	31	豫园	Yù Yuán	31
尼娜	Nínà	24			